意拳（大成拳）创始人
王芗斋先生(1885-1963)

意拳大师
姚宗勋先生（1917-1985）

意拳第二、三代部分传人
前排左起：杨绍庚、窦世明、王玉祥、司徒柱、姚宗勋、张中
后排左起：左起第二人薄家骢、白金甲、韩嗣煌

站左起：薄家骢、白金甲、李鸿锦
坐左起：王玉芳，张中

作者与王玉芳老师

作者与王家珍先生（王芗斋三婿）

薄家骢（站立者）与韩嗣煌师叔、韩师母合影

白金甲大师兄（右）对薄家骢（左）有半师之谊

姚宗勋先生部分弟子
自左至右：崔瑞斌、尚京堂、薄家骢、武小南、李鸿锦

首届意拳研讨会第一次筹备会与会者合影
前排左起：韩师母、韩嗣煌、王玉芳、霍震寰、张中、吴彬、姚承荣
后排左起：姚承光、薄家骢、崔瑞彬、武小南

作者与王芗斋嫡孙王宇先生（左）

作者与王芗斋外孙王梅、王竹、王松

春节团拜
前蹲者左起：朴玉山、李耀辉、王铁环、李想
中排左起：李鸿锦、薄家骢
后排左起：王晓乐、苗红京、潘嘉旭、李克平、唐克强、虞世杰、张纬、冯印澄、孙起涛

半月园训练
前排左起：唐克强、李鸿锦、薄家骢、苏肖发、关月、李想
后排左起：李克平、胡珂、张纬、虞世杰、王雪

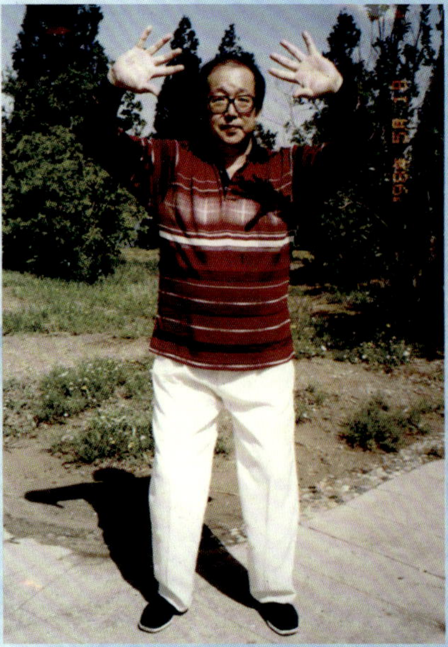
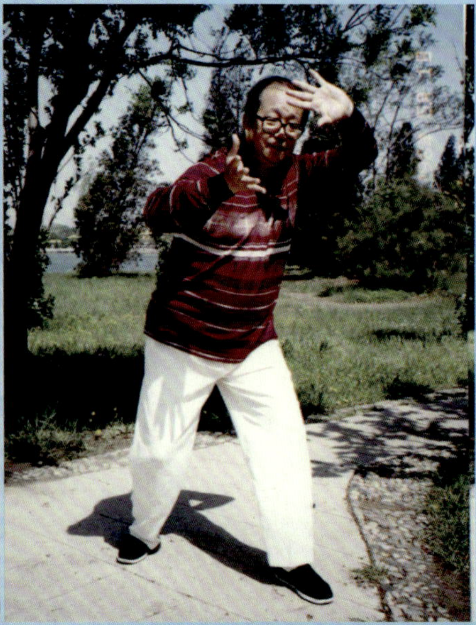
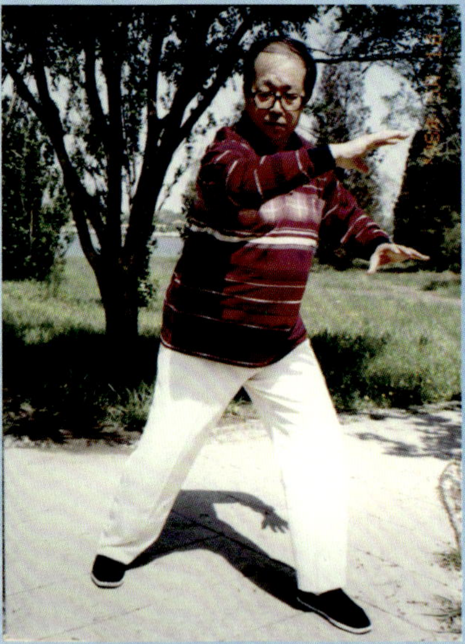
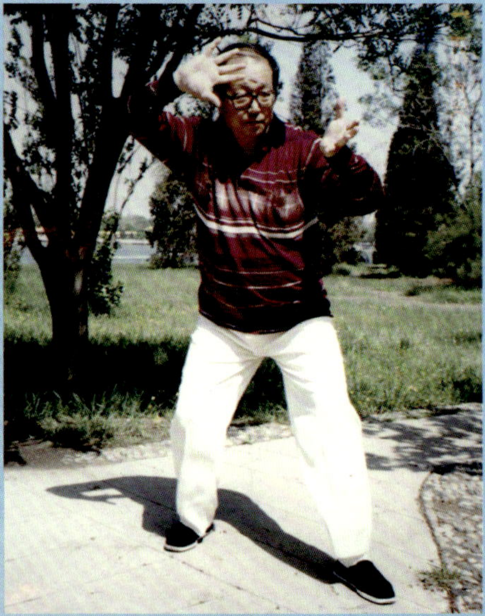
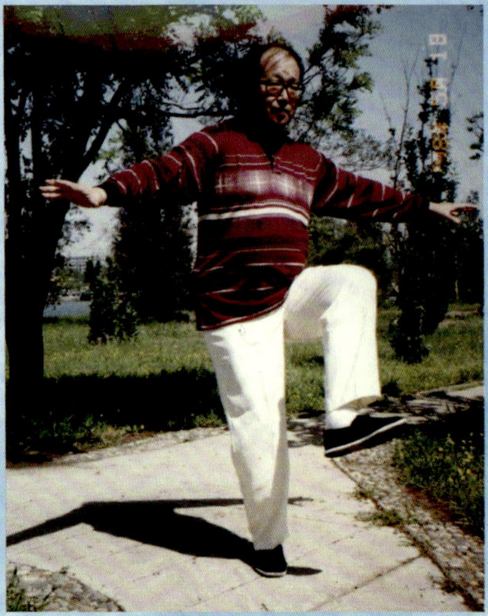
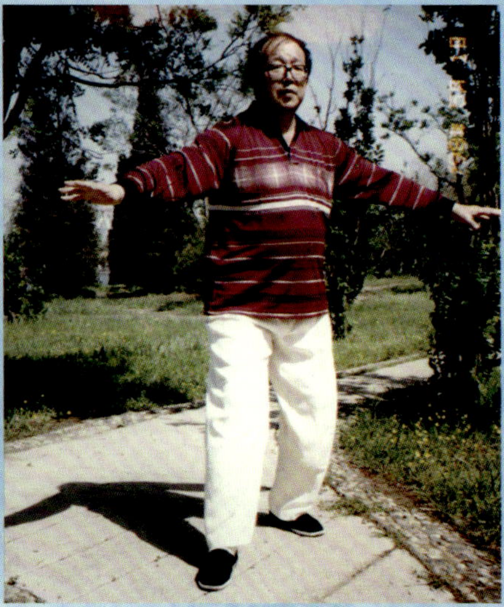

薄家骢　著

意拳蒙求
——从入门到精通

人民体育出版社

图书在版编目（CIP）数据

意拳蒙求：从入门到精通 / 薄家驄著. -- 北京：人民体育出版社, 2024

ISBN 978-7-5009-6185-7

Ⅰ.①意… Ⅱ.①薄… Ⅲ.①意拳—基本知识 Ⅳ.①G852.14

中国版本图书馆CIP数据核字(2022)第110915号

*

人 民 体 育 出 版 社 出 版 发 行
北京盛通印刷股份有限公司印刷
新 华 书 店 经 销

*

710×1000　16开本　13.25 印张　189 千字
2024 年 7 月第 1 版　　2024 年 7 月第 1 次印刷
印数：1—3,000 册

*

ISBN 978-7-5009-6185-7
定价：62.00 元

社址：北京市东城区体育馆路 8 号（天坛公园东门）
电话：67151482（发行部）　　邮编：100061
传真：67151483　　　　　　　邮购：67118491
网址：www.psphpress.com

（购买本社图书，如遇有缺损页可与邮购部联系）

自　序

九河下梢，燕赵遗风。余家祖居津门，斜阳草树，寻常巷陌。高邻王氏昆仲曰竹、曰松、曰梅。岁寒三友与咱有同里、同窗、同道之谊，过从甚密，遂成莫逆通家之好。竹、松、梅之外公即意拳（大成拳）一代宗师王芗斋。紫气东来，少年嬉戏堂前，耳濡目染，不期近朱者赤，竟作意拳之蒙求。

1960年秋，余入京赴学。蒙三师姑王玉白（芗老三女）恩荐，拜姚宗勋先生门下，起步意拳之正轨。三十余年蒙恩师垂青严教，驽马十驾，功在不舍，虽钝鲁之人亦有寸得。日新月异，今是昨非，始与意拳（大成拳）结终身不解之缘。

恩师暮年留意著书，以示后昆。不胜惶恐，责为执笔。成书过程，先师呕心沥血口传心授，系统讲授。幸觅拳学云深之处，柳暗花明，又臻新境。

某一介书生，视学术为神圣，不谙人生经营之道。仅尊姚师遗训，闻鸡起舞，勤苦求实，以武会友，植被桃李。于沽名窃誉、假冒伪劣之徒不屑一顾，羞与哙伍。奉语武林同好，学艺不可不辨也。

拙作付梓，手头宝贵资料不敢私密一并附上，以飨有志研习者参考收藏。文字辗转传抄，虽经多方补正，亦难免鲁鱼亥豕，待就正于高明。

此书虽旨在起蒙，各取所需，亦为深入研习之教材，无论如何"纸上得来终觉浅，绝知此事要躬行"。入门不难，深究亦指日可待。

此书之完成得益于王晓乐、李耀辉二小友及老伴何友谦之鼎力协助，功不可没，善莫大焉。

在此谨向出版界的朋友们和广大的武林同道，表示诚挚的谢意。

薄家骢

2019-1-6

目　录

第一部分　意拳溯源　1

第一章　意拳发展简史　2
第二章　意拳的基本原理　11

第二部分　桩法初探　19

第一章　站桩的基本要求　20
第二章　四种基础桩法　36

第三部分　意拳爱好者自修的八个单元　39

第一单元　浑元桩/内外分手/蛇缠手　40
第二单元　摩擦步/摇旋试力　45
第三单元　三种基本拳法　51
第四单元　神龟出水/单操手　59
第五单元　五种基础试力　63

第六单元　四种基础发力　67

第七单元　单推手/双推手　74

第八单元　拳法实战　86

第四部分　进阶索钥　89

第九单元　桩法进阶　90

第十单元　试力进阶　94

第十一单元　步法进阶　99

第十二单元　发力进阶　106

第十三单元　实战进阶　111

第五部分　拳路钩沉　117

拳路钩沉——忆随恩师姚宗勋先生学拳　118

春兰秋菊意拳第二代传人　137

以武会友　153

桩功之研究　163

试力浅释　167

意拳推手之我见　173

意拳单操手功法蒙求　179

附录　姚宗勋先生轶文集　189

第一部分
意拳溯源

第一章
意拳发展简史

　　意拳（大成拳）是扑朔迷离的中华武林中一股永不甘寂寞的湍流。一代宗师王芗斋先生既是一个划时代的武术革新家，也是一个传统文化的离经叛道者。意拳自芗老始创至今不足百年，但其科学先进的指导思想、健身养生的非凡效果和不断拓展的拳学理论与成功实践的广阔前景，特别是倡导传统武术与现代体育相结合的研究课题，已在更大的学术研究范围激起了人们求索的热潮。意拳乃是一种集百家之大成而独树一帜的中华近代拳学。意拳不设套路和固定的招式方法，这是在我国多家门派中不多见的。由于人们对意拳尚不十分了解，所以意拳经常引起许多误解和带有一种神秘感，使有志于此者欲习无门，问津无处。本书将把意拳之全部秘密和盘托出，并作科学之解释，来引导广大拳学同好步入意拳之正轨。

　　按照我国武术界传统的说法，在笔者刚刚接触意拳的时候，听长辈们讲，意拳的祖师爷是达摩老祖；若干年后，又有意拳祖师是民族英雄岳飞的说法，这些都是牵强附会，亦无法考证。再往后听姚先生讲："意拳是你们师爷王芗斋所创，你们师爷的老师是郭云琛。"最后姚先生在病榻上告诉我："你只要知道我是王芗斋的学生，你是我的学生就够了。"姚先生一贯主张历史宜粗不宜细，有工夫去练拳，哪有许多闲情逸志去抖那些陈芝麻烂谷子。

王芗斋先生，字尼宝、宇僧，晚年自称矛盾老人。1885年生于河北深县魏林村，1963年7月在天津逝世，享年78岁。

芗斋先生少年时代体弱多病，从形意拳名师郭云琛学习拳术。先生在就学中，锻炼刻苦，钻研认真，很受郭老赞许，因之深得教益，从而奠定了他一生致力于研究我国拳学的深厚基础。芗老在学拳之始，就不拘泥于拳术的派系门户之见。他认为，我国拳术有悠久历史，自有其发展之过程。不同时期、不同地区，每一个有成就的拳术家，都自然具有不同的个人风格与擅长之处。这正是我国拳术之所以源远流长，在历史上虽几经曲折，但始终延续不断直到今日，并且日益繁荣兴旺的原因。芗斋先生对拳理的着眼点并不是一技一得的局部学识。他毕生切磋钻研以求的是，从纷杂的表面现象里，探索和研究贯穿于拳学整个学术领域里的真谛。

芗老怀着这种抱负，在1907年前后，离师出游，以广开眼界，增长见闻，从更广泛的范围和更深的领域里，继续他的学习和研究工作。1918年后，先生又往游河南、湖南、湖北，以至南抵福建，并曾在福州军队中任武术教官。以后又北上，在天津等地开始授徒讲学。这一时期，王芗斋在大江南北遍访当时各派著名武术家，广泛地获得了我国各地、各拳种流派的第一手资料，并分别剖析研究了他们的内容和拳理。在王芗斋所遇到的名家之中，福建的方恰庄、湖南的谢铁夫（不是江南第一妙手解铁夫）和武技教练所的吴翼辉等拳师给他留下了很深的印象。王芗斋在游学河南时，曾到嵩山少林寺访问当时的"心意拳"传人衡林和尚。衡林身体魁梧，以功力笃实闻名于世。相比之下，芗斋先生身材瘦小，貌不惊人。在交流技艺过程中，王先生在瞬间爆发出来巨大的力量，使衡林和尚惊叹不已，两人相见恨晚。先生留在寺内切磋月余，始拱手相别。形意拳和心意拳同出一源，因此从学术研究的角度来看，王芗斋对少林寺的访问具有重大意义。

芗斋先生这种脚踏实地的治学精神和实践行动，使他获得无比丰硕的成果。和其他学科一样，每一位获得卓越成就的学者，都是在前人辛勤劳动的基础上有所发展、有所建树。王先生凭着坚定的抱负，通过自己的艰苦努力，终于洞察了拳学的要义。在20世纪20年代中期，他对大量的第一手资料加以整理、研究之后创建了"意拳"。这是王芗斋呕心沥血多年的结晶。意拳的创建无疑是对我国传统武术的一次重大革新。意拳锻炼重在健身与技击两个方面。健身锻炼要求"顺乎自然、合乎需要"。具体地说，也就是要符合人体生理机制所应达到的功能状态。因此，王先生指出，重点在于"凝神定意、舒适自然"，同时，使从事锻炼者的中枢神经系统的机能与身体素质，都能得到改善和提高。在拳术锻炼方面，意拳的创建摒弃了沿袭数百年的套路和固定招法，返璞归真，显示了我国拳术的原貌并赋予其新的理论和内容。意拳认为，拳术锻炼，如只着眼于技击的技术与技巧，只偏于某一姿势或某一招法的刻板方式，就会背离拳术的总体要求。芗斋先生所总结和倡导的训练方法，不仅丰富了我国传统拳术的训练方法，而且对现代体育运动同样具有重要的借鉴意义。目前在国际上，不论是球类、田径、体操、跳水的竞技训练，还是宇航员在航天器里的健身运动，都已运用精神集中、肌肉放松的心理训练。这与意拳的理论和训练方法在某些方面是一致的。

1928年，芗老赴杭州任全国武术比赛大会的裁判。随后到上海去弘扬意拳。1938年，先生在北京四存学会体育班主持意拳教学。1940年夏，同道友人赞许意拳，并赠名"大成拳"。王先生当时推却不能，听之而已。但谆谆告诫自己的学生：学无止境，何谓大成？不允许自己的学生叫大成拳。20世纪40年代，先生曾在当时的《北京实报》《新民报》等报刊上发表对我国拳术的观点、看法及意拳的锻炼方法介绍等文章，并欢迎武术界同道莅临观摩交流，对当时武术界的影响甚大。

同其他的学术领域一样，新生事物总不免会与守旧的传统观念发生矛盾。芗斋先生的学说在我国拳术界也曾引起过巨大的震动。在此期间，专门拜访先生以探讨拳学宗旨的中外人士，特别是我国的武术家们络绎不绝。先生在上海逗留时，就曾与当时在"西青"（西洋人的青年会）担任拳击教练的匈牙利人英格相会。英格曾经获得过职业拳击比赛的最轻量级世界冠军。在交流技击中，英格出直拳向先生发动进攻，先生左手一抖，即将英格弹倒在地。英格失败后，在英国《泰晤士报》上发表题为《我所见到的中国武术》一文，对芗斋先生的拳学造诣和中国拳术所达到的高水平表示十分钦佩。

1937年秋，北京名拳师洪绪如（洪连顺）拜访王芗斋，三试三败北。第一次洪用形意拳的劈拳向王先生进击，方觉触及先生之前臂即被弹出倒地，第二次用虎形之"虎扑"进攻，亦被弹出，第三次用崩拳，仍被弹倒地。洪先生浑厚朴实，为求学问不计胜负荣辱，立即向芗斋先生求教。芗斋先生即与之促膝长谈，为之讲解拳学原则、原理。绪如先生大悟，遂亲率自己的学生们从学于芗老。

20世纪40年代初，日本的柔道六段八田一郎（1936年代表日本参加第11届奥运会国际摔跤比赛的选手）要求与芗老比试，八田欲将先生手腕用招，哪知两手才一接触，立即被抖得腾空离地，身贴墙壁后坠落地上。

此后，又有日本当时柔道五段、剑道三段的泽井健一与先生较量，比试失败后，转向王老学习意拳。70年代泽井健一在他所著的《太气拳——中国实战拳法》一书中，叙述了向王芗斋求学的过程片段和泽井氏对意拳的评价等。

1947年，王芗斋在北平太庙（即今日的劳动人民文化宫）成立了"拳学研究会"，广泛传播意拳拳理及其训练方法。北京解放后，先生停办研究会，迁到中山公园潜心教学意拳。在教学中称"站桩功"，侧重健身与养生。

1950年，王芗斋先生在中华体育总会筹备委员会任武术组组长，后因外出去职。

1951年，先生应邀到保定市河北省中医研究院教授站桩功。就在这段时间里，芗老对中国拳术在医疗保健方面的效用问题做了一系列的研究工作。时至今日，意拳站桩功的传播几乎遍及全国，研究探讨站桩功的文章、书籍也日益增多，王老先生为我国人民的医疗保健事业所花费的心血，已在祖国大地浇灌出鲜艳的花朵。

1963年7月，王芗斋病逝于天津。巨大的成就萌发于远大的理想，实现于艰苦的理论研究与锲而不舍的长期实践之中。王芗斋先生作为我国拳术发展史上一位具有远见卓识的革新家，将永远存于拳术爱好者的记忆之中和记录于拳术的发展史中。

芗老的遗著有《意拳正轨》《拳道中枢》（又名《大成拳论》）等。20世纪40年代《北平实报》《新民报》等曾以连载的方式刊登王芗斋先生宣讲我国拳学要义的《答记者问》等文章。此外，还有一些只谈论专门问题的短文刊登于各有关报刊、杂志及流传在意拳爱好者手中。

王芗斋传人甚多，在不同的时期都不乏其代表人物，如北京的王玉芳（芗老次女）、周子岩、姚宗勋、张中、窦世明，上海的尤彭熙、韩樵、张长信，天津的赵道新、卜恩富、张恩桐、裘志和，河南的杨绍庚等，春兰秋菊各为一时之秀。在以上王芗斋入室弟子中，有不少先生的业绩都能写成长篇传奇。如20世纪30年代蜚声跤坛、威扬拳台的卜恩富（卜六）先生，1934年3月战胜全俄拳击冠军马夫洛格、全俄亚军阿尔桑柯，同年9月战胜美国职业拳王卡迪逊，1936年在上海战胜美国名将兰柯斯根，1935年在上海战胜跤坛名宿宝善林先生。其他意拳名师如北京的张中先生、窦世明先生亦有多次战胜中外名将的盛举。在诸多第二代意拳名师之中，在意拳发展史上做出突出贡献而占有重要地位的，首推姚宗勋先生。姚先生是承前启后的第二代意拳大师。

姚先生1917年生于浙江杭县，1985年1月逝世于北京。姚师幼年孤苦，父母双亡，寄居北京姑母家中。先生自幼喜爱运动，特别对祖国拳学怀有无限之热忱。1933年初，先生16岁时拜北京名师洪绪如为师，学习弹腿长拳，以擅长散手著称。

1937年，王芗斋先生卜居京门，在大羊宜宾胡同一号公开接待武林同好，以武会友，借以阐明拳学真义，一时轰动京师武术界。寻访者纷至沓来，研讨理论者有之，比武切磋者亦有之，无不为芗老之高超技艺和深奥的拳理所折服。其间，曾发生洪绪如先生比武拜师之事。洪带领弟子们重新就教于芗老以后，姚宗勋血气方刚，不甚服气。芗斋先生亦有察觉。在一次练功的时候，芗老有意叫姚比试散手，姚正中下怀，遂使出鬼手断（亦名鬼扯钻）功夫向王老攻击。当时武术界有句话："学会鬼手断，天下英雄打一半。"按现代拳法说就是组合拳连击。谁曾想连芗老的衣服都没摸到，就摔了两个跟斗。第三次不打了，王老问为何不打了？姚答："不知道怎么输的，还打什么。"芗老闻听哈哈大笑，从此喜欢上这个勇敢、倔强又聪颖过人的年轻人。姚在芗老门下备受青睐。他刻苦研习，时隔数载艺臻大成，成为王老顶门弟子。芗老赐名继芗，以示为己之传人。

20世纪40年代初期，比武较技的机会很多。凡有比武之事，均由姚宗勋为主力，从而丰富了姚先生的实践经验。姚宗勋先后战胜了诸多中外名将。姚师很快名重京华，被誉为青年武术家。姚先生在与同道切磋交流之中，其态度之谦和、举止之从容、打击力之控制、技艺之高超，常使寻访者畏威怀德，由衷赞誉。很多武术名家经切磋而与之成挚友。天桥刘玉林、海淀吴增等拳师比武之后一致称赞姚先生有儒将之风。以武会友为武林之宗旨，非一般好勇斗狠者可比拟。

山西人武某倚仗伪政权势力制造派系矛盾，在报纸上大言欺人，自我标榜为"武穆正宗"并将矛头直指意拳。姚先生为道破其非，阐明拳学真谛，决定与武某公开比武，邀请在京武术名流许笑羽等人到场做公证。结果，武某不堪一击，从此销声匿迹。姚宗勋一时名噪京门。

姚先生为人正直，疾恶如仇。为匡扶正义，保护善良，经常与北平的一些地痞、流氓组织发生冲突。如香山严惩高阎王、白云观痛打"联庄会"、金城球社威镇"三十六友"等，尽人皆知，传为口碑。当时北平城里的流氓，听到姚宗勋名字无不丧胆远飏。

从20世纪40年代初期始，姚先生在他的住所北平西城太平桥跨车胡同，主持意拳技击训练。芗老亦不时前往指导教学。一时间，这里集中了诸多意拳名将，如张中、窦世明、韩樵、杨德懋、李永倧等人。大家公推姚宗勋为朋辈之祭酒。这一时期，由于在姚先生的倡导下，改进了训练装备，采用了拳套、护具等防护措施，保证了实战训练的经常化，从而大大地提高了训练效果。跨车胡同训练基地在意拳发展史上，有着光辉的一页。

姚宗勋克承师训，以发扬拳学为己任，一生于个人生计无所萦怀，致毕生精力于拳学，身体力行，锲而不舍。特别是他勇于创新，志在发扬，大胆吸收现代拳法之精华，不断进行近代体育科学之研究，从而充实自己的学识，并丰富了意拳训练之内容。他谈起世界拳术名家、动态如数家珍，无不通晓。祖国优秀文化传统与现代体育科学相结合，为意拳事业开拓了更加广阔的发展空间。这是姚先生对意拳发展所做出的不可磨灭的战略性贡献。

中华人民共和国成立以后，姚先生为使意拳技击不致失传，虽历经坎坷，始终不忘传习后昆。先生治学态度严谨，注重全面选材，不肯轻录门墙。20世纪60年代初，遴选白金甲、薄家骢、张鸿成、王金铭等人重点培养，在家设帐授艺。先生因材施教，根据每个人的气质、素质、学识、体魄等区别对待，使其扬长避短，事半功倍。先生授拳伊始，即谆谆告诫诸生，学拳先学做人。尝言："拳学之成就，是精神、道德、体魄、意志、学识技艺之综合体现。"此番教诲，学生们铭记在心，一生受用。先生为拳学长久之计，于迅速提高学生的技击训练水平的同时，注重拳学理论的传授，指导学生不断从实践和理论上提高对拳学的认识，目的是培养出一批新的教练员，使其继承意拳，并发展之。先生的美好愿望，在今日得到了充分地实现。

"文革"期间，先生身处逆境，于1969年春举家迫迁昌平崔村。牧马荒山、瓮牖绳枢，仍不辍自身之研习，酷暑严冬坚持不懈，闻鸡起舞，戴月披星，非常人之所及。

大地春回之日，姚师立即召集新老学生恢复训练，使意拳避免了遭受更大的损失。党的十一届三中全会以后，落实政策，姚师返居京城，受到了国家有关部门的极大重视和关怀。先生与意拳同时得到了新的生机。先生又先后培养了一批年轻的选手，其中以尚京堂、崔瑞斌、李鸿锦、武小南、张增瑞、刘普雷、魏玉柱、王宝君，以及先生哲嗣承光、承荣等人皆为佳选。

先生待人接物平易近人，凡接触过他的人，无不对其诲人不倦的精神、精湛的示范、精辟的论述而受到鼓舞。先生一生刚正不阿，特别是在学术上当仁不让，不肯随波逐流，坚持意拳的科学性和实践性，坚决反对一切封建迷信，从不故玄其说、哗众取宠。他不断教导学生们要脚踏实地进行艰苦训练和刻苦钻研，借以弘扬拳学。

经过几十年的不懈努力和奋斗，姚先生开创了意拳继承和发展的新局面。1984年在北京市体委和武协的关怀和支持下，正式成立了"北京市意拳研究会"，宗勋先生出任会长，并被聘为市武协顾问。先生夙愿得偿，给我们留下最后的奉献。

在意拳几代人的共同努力下，如今意拳已经形成了一个完整的体系，广泛流传于祖国各地，并引起了国际武术界的极大关注和兴趣。近年来，美国、加拿大、阿根廷、澳大利亚、英国、法国、日本、新加坡、马来西亚等国纷纷成立意拳研究机构，意拳拥有越来越多的爱好者，呈现出方兴未艾的灿烂前景。目前，意拳的第三代、第四代已经活跃在国内外拳坛。

意拳流传至今，满打满算也不过半个多世纪，三四代传人。按道理说，其发展史和师承关系应该是清清楚楚的。但是在现实生活中，总有那么些说不太清楚的事情。于是芗斋老人提出了解除师徒制的倡议。他主张：人之相与尚精神、重感情，不在形式之称谓，要知学术才是宇宙神圣，是公有师尊，此吾所以力主师徒制之解除也。果有真实学术造诣，无师亦可自通。一点东西没有，叩头三千，呼师八万又有何益？意拳爱好者之间，由于年龄相近，或父、兄世交的关系，有时就不好分谁是谁的师父，谁是谁的学生，只能说教授者是代师传艺。如果能在拳学上有所建树，不辱师门，我看也没有必要计较谁是谁的徒弟。以本人的教学活动中来说，亦不乏其例。只要人品、学术都出人头地，即称寄名弟子也未尝不可。自古英雄出少年，意拳的发展，重任在我们的第三代、第四代传人的肩上。如今，意拳第四代在各位导师的精心培养下，已崭露头角。仅以作者门下而论，程军、刘刚、薄乃武、唐克强、王铁环、文新、吴中等人，以及日本学生田所伸一堪称优等。此外，尚有王继军、王春水、刘洪波、李克平、张玮、苗红京、程波、许小岑，以及葡萄牙女弟子保拉等一批新老学员前程无量，后生可畏。

1997年，为了弘扬意拳，促进意拳的普及和提高，进一步丰富、完善训练和竞技制度，经香港霍震寰先生提议，国家武协、北京市武协批准，由北京市意拳研究会和中国香港意拳学会共同发起举办首届意拳学术研讨会。研讨会于1997年12月6日在北京大运河高尔夫俱乐部顺利召开，新加坡、马来西亚等国家和中国香港等地的意拳组织计200余人出席了会议。此次会议得到了国家武协、武术研究院、北京市武协、武术院的大力支持。在开幕式上，国家武协主席李杰同志作了重要讲话，对意拳的发展，指明了应该努力的方向。这次大会在与会人员的共同努力下，特别是在霍震寰先生的大力支持下，开成了团结的大会，成功的大会。首届意拳研讨会的成功，无疑给从事意拳训练的有识之士一个极大的鼓舞。此次盛会将被记载在意拳的发展史上。

众所周知，意拳是近代最新的一个拳学体系，到目前为止也不过四代人、几十年的历史。按道理，比起其他各门派的历史，应该是很清楚的。但是，由于某些人出自阴暗的心理和不光彩的目的，多年来在全国武术界掀起一股污泥浊水，一时间，"掌门大师""关门弟子"铺天盖地而来，蒙蔽群众，混淆是非，给广大拳学爱好者和关心意拳事业的人们，带来不应有的困惑。拳学界的假冒伪劣现象已经引起武术爱好者的极大愤慨。其实，如果你真的有本领，叫大大成拳又何妨，何必凑这个热闹。唉，不管怎么说，既然叫"意拳"、叫"大成"，和尚不亲帽儿亲，都做点于人于社会有益的事吧！

第二章
意拳的基本原理

一、意拳训练的特点及对身体的作用

人们练习拳术的目的，一般可分为三个方面：健身、寻理趣、讲自卫。所谓健身，即祛病养生，增强体质；所谓寻理趣，即在练功中不断摸索研究拳学拳理，从中寻求无限的乐趣，抑或结合自己的专业从中得到有益的启迪；所谓自卫即技击之谓也。这三个方面的练拳目的虽然各有侧重，但却又是相辅相成的一个整体，缺少哪一个方面，都不称其为拳。如果练拳不能使人增强体质，增进身心健康，获得全面发展，而是适得其反，戕害生理，有碍健康，那么这种拳术还有什么存在的必要呢？继而言之，如果没有一个健全的体魄和充沛的精力，又怎能成为一个在拳学上有所成就的人才和实践家呢？再者，如果拳术不以科学理论为指导，而是盲目追求高山远水、海市蜃楼，甚至封建迷信，崇尚玄学、伪科学，岂不是与拳学真义南辕北辙，是非颠倒？如此去做，不仅空耗了许多宝贵的时日，还对身心健康诸多不益。缘木求鱼是明智之举吗？所以练拳不可不慎重考虑这些问题。

意拳认为，练拳者先要增强体质，培养意志，提高文化素质，进一步则求索拳学真谛，继承和发扬我国宝贵的文化遗产，在锲而不舍的拳理研究中，寻求其中的乐趣。最后才讲到自卫即技击之道。这也是一般青年人情有独钟的事情。意拳宗师王芗斋老先生说："如或论应敌，拳道微末技。"可见，意拳研究技击实践，只是一个训练的组成部分，而不是它的全部内容。意拳并非是单纯的唯技击论者。

前面已经提到，意拳是在形意拳的基础上，广泛汲取了各家拳术之所长而独创出的一门新的特殊拳学。它有一套完整的训练体系。经过半个世纪以来的社会实践，证明意拳无论是在健身或是在技击方面，都能做出许多显著的成绩。与此同时，意拳仍在不断地吸收总结中外优秀拳学的科学训练方法以及优秀的技术理论，借以充实和发展自己。因此，从某种意义上讲，意拳仍是一门尚在不断发展中的近代拳学。

意拳是以站桩为训练的主要内容，所以人们一提起意拳就会想到站桩。其实各门拳术都有桩功，唯独意拳将站桩功提高到核心的位置，予以足够的重视与评价。意拳站桩不同于其他拳种或气功的站桩，也不是一种简单的静力性训练，并不以提高肌肉力量和耐力作为主要目的（关于站桩，后面章节有详细论述）。意拳健身桩不同于气功，不讲什么大、小周天，不意守丹田，不讲求调息，一切顺乎自然，只是在精神集中、周身放松，呼吸自然的原则下进行休息式的锻炼。这种功法简便易行，既不伤脑筋又不费力气；既不讲究场地如何，又不要求时间的长短，行、站、坐、卧均可练习。基于诸多优点，深受广大病患者及体弱的人们所喜爱。几十年来，这种功法从来没有出现过任何偏差和弊病，以及产生所谓的走火入魔等事与愿违的苦果。能把人练出毛病来的功夫，不应人人共诛之吗？从技击的角度来看，意拳没有套路，没有固定的招法，只讲随机随势应感而发，这是作为实战拳法的意拳最有代表性的特点之一。

意拳认为，从一般常识和实践经验来看，拳术是不能按排好顺序、套路来实现技击的。没有套路和固定招法，并不等于毫无规律地随意招架或胡踢乱打。意拳所讲求的"法"，乃是拳学的原则和原理。古语说："授人以鱼不如授之渔。"教人捕鱼的方法当然比送给人几条鱼实惠得多。关于这类话题将在后面章节中仔细论述。总之，意拳是研究拳术所特有的合理攻防方法的现代拳种。

从事意拳训练对人体有哪些作用呢？

（一）能够增强体质，促进身体的全面发展

意拳注重全身的锻炼。人身是一个整体，分身、手、头、足各个部位，但不可分开来论，更不可偏重单一方面锻炼（局部锻炼虽有一定的作用，但习练日久也有一定的害处）。比如，有的人练"铁头"，据说不怕打，既便如此，谁非打你的头干什么？其他地方也不怕打吗？意拳通过站桩训练，统一意志，统一动作，统一气力，身心一致，能够使身体各部都得到锻炼。一些老拳师在比较形意拳大师尚云祥和芗老的功夫时说过，他们都像一片竹林，尚云祥竹林里的竹子，有很粗的，也有很细的，而王芗斋的竹林里没有很粗的，也没有很细的，长得很均匀。我觉得这种比喻恰好说明了站桩对人体全面发展起到的良好作用。

意拳训练不讲求蛮力之增进与激烈的运动。从健身角度讲，只此凝神定意一站，即可使身心得到锻炼，达到养生健体的效果。比起其他健身法来说，姚宗勋先生认为意拳桩法是从小自然到大自然。从技击方面来说，只此一站，则可于无力中求有力，拙笨中求灵巧，微动中求速动，抽象中求具体，使内外合一，精神、意志、气血、筋骨全身整体一致得到良好的训练，以期达到精神和肢体的高度统一。肢体间处处相互连通，相互呼应，构成一个整体，即所谓"一动无不动""周身无点不弹簧"，以便能够在不同情况下随机随势满足技击发力之需，这是意拳之所长。打个比方，意拳训练使人体成为一支非常好的军队，一旦有情况，能马上调动全军迅速协调作战，以整体力量去打击敌人局部。意拳训练中强调精神和肢体的"松""紧"转换，而精神和肢体的松、紧转换，直接影响着诸如力量、速度、耐力、灵巧、协调等身体素质。意拳通过意念假借的独特训练手段，贯彻松、紧相互转换的全部内容，以达到有效地促进身体各项素质全面发展的目的。

（二）培养勇敢顽强的意志品质，改善人的心理状态

拳术锻炼可以改变人的气质。一个身体不健康的人，不会有良好的心理状态，更谈不上伟大的抱负和事业上的雄心壮志。勉强为之，也是力不从心，事倍功半。倘或遇到意外（精神上的打击，事业上的挫折，外力的侵袭等），就会丧失信心，一筹莫展。而一个从事拳术锻炼有素的人，不仅会获得健全的体魄，而且会对生活、事业充满自信。倘遇不测，则会以充沛的体力，顽强的斗志，克服困难的勇气战而胜之。俗话说："艺高人胆大，胆大艺更高。"意拳训练不仅是对形体的锻炼，更重要的是精神力量的修养。意拳自始至终贯穿着心理训练的内容。这表现在平日训练中培养的精神凝重、忘我无惧、斗志昂扬，常有挡之即摧之概。近年来有关体育部门已经在运动竞赛中注意了心理训练的重要性。意拳独特的心理训练方法已经引起了体育队伍的日益关注和极大的兴趣。我们的足球队一次次地饮恨、泪洒还说明不了问题吗？实践证明，通过意拳训练，可以使人保持良好的心理状态，不仅对自己的健康充满了信心，而且当身处逆境，或大敌当前之时，也能保持清醒的头脑、必胜的信念和从容应对的能力，这是长期从事意拳锻炼，时刻培养机智、勇敢、坚韧不拔的意志品质的良好反馈。

二、意拳训练的科学性

意拳和其他体育项目一样，是一门人体进行运动的科学。为此，就必须以科学理论为指导，并且在科学理论的不断验证下，进行日常的训练。意拳以运动生理学、人体解剖学、运动心理学，以及运动生物力学等作为训练的理论依据。坚持把科学的理论与训练的实践相结合，摒弃一切自欺欺人、毫无根据的封建迷信说教，这就是意拳在学术上所持的明确观点，也是真假意拳的试金石。任何人体运动都是在神经系统的支配下，肌肉收缩作用于骨

骼的结果。也就是说，以骨骼为杠杆、关节为枢纽、肌肉收缩为动力，使人体实现各种活动。由此可见，神经系统的支配在人体运动中所处的地位是何等的重要，而神经系统又始终受精神意志的控制和影响。"意为力之帅，力为意之军"就是说的这个道理。意拳经常要突出一个"意"字，拳以"意"名，即说明了"意念活动"在拳术训练中的重要性。善书者意在笔前，善画者胸有成竹，都与拳理同法若一，所谓"得之于心，用之于手"。

离开了意念领导就谈不到力的运用。拳术是精神和肢体的高度统一。没有肢体的运动形式，精神就是空想，而没有精神的作用，肢体的运动就是盲目的运动。任何真正的拳术家，绝不敢以所谓的自发功或特异功能去希冀技击上的胜利。历史上有名的飞将军李广射石的故事，能给我们以深刻的启示。"将军夜引弓"是李广真的把怪石看成了斑斓猛虎，于是一箭射去才有了"没入石棱中"的故事发生。当李广看清楚是石头的时候，他无论如何也射不进去了。这里就有一个意与力的问题。意境的不同、精神状态的迥异，都使力的表现有着显著的差距。没有了意境的再现，也就没有了与之相适应的精神激发。此即芗老所说："意即力也。"没有"意"，也就是没有"拳"。

任何运动的表现形式都是肌肉的运动，而肌肉运动离不开意念活动的领导。从运动生理学来讲，人所能表现出来的力的大小，除了与肌肉的解剖横断面的大小（即肌肉横切的直径）有关以外，特别重要的是还与肌肉的生理横断面有密切的关联。所谓生理横断面，系指神经支配肌纤维的能力。一束肌肉有成千上万的肌纤维，不管人体的高矮胖瘦、胳膊大腿的粗细，同一束肌肉的肌纤维数量是没有多大差别的。但在一般的情况下，许许多多的肌纤维并不参加工作，即不接受神经的支配。通过锻炼，可使神经支配肌纤维的能力得到改善和提高，也就是说能够调动更多的肌纤维同时参与收缩。意拳通过它的特殊手段，强调意念的支配，因此能在运动中充分发挥本身内在的能量和潜力。芗斋老人身材瘦小枯干，却能够在瞬间发挥出很大的爆发力，这就是其中的一个重要原因。如前所述，意拳不仅仅是意念活动，其最终的体现仍然是物质的运动形式。有些同道认为意拳能发放"空劲儿",在不接触人体的情况下把人放出去,这是对意拳的一个极大的误解。充其量不过是师生之间,经过长期演练而形成的条件反射而已,在实践中并无任何意义。

运动生理学认为运动技能的形成,都是条件反射的建立。拳术上所讲求的用力方法、用力方式不同于平日劳动、生活中的习惯用力,所以要经过训练才能成功。条件反射的建立、运动技能的形成,一般要经过三个阶段,即泛化、分化、自动化阶段。泛化阶段就是初学时摸不着门儿的阶段;到了分化阶段就有时做对了、又有时做错了、有时又做不上来啦,甚至做错了;只有到了自动化阶段,才可以说是完全掌握了该项运动技能。任何运动技能只有到了信手拈来的熟练程度,才能够谈到怎么应用。意拳以站桩为主要训练手段,就是要通过相对静止状态下的锻炼,使精神高度集中,再加以意念的诱导,不断地加强正确的条件反射,体察弱点(即不得力处)并逐步克服之,从而加速运动技能的形成。形成牢固的动力定型,才能期望在技击中应用。没有站桩的强化训练,倘遇强敌就会在厮打时忘了拳法。体育运动的教学训练实践也证明了这一点。任何一个教练员都懂得欲速则不达的道理。学习一个新动作都要从慢到快,从不动到动,这与拳术训练是一致的。

学习意拳不仅要懂得一些生理、解剖等方面的知识,同时还要在力学,诸如杠杆、螺旋、斜面、三角、摩擦、平衡、力偶等方面做一番研究。如此做去,加上训练有素,才能在拳术上有所建树。总之,学习意拳要脚踏实地地以科学理论为指导,不断地总结经验、体会方可升堂入室。只管练不管研究是傻把式。姚宗勋先生经常说:"没有高中以上文化,练不好意拳。"就这一层意义来讲,意拳也可以称为书生拳。

以上所述,为意拳训练科学性之初探。

三、意拳训练的内容

意拳训练主要由站桩、试力(包括试声)、走步、发力、推手、散手、单操手等所组成，重在健身与技击两个方面。

  站桩是意拳的基本功。由于练功的目的不同，意拳站桩可分为健身桩与技击桩两种。在外形相对不动的情况下进行锻炼。健身桩在锻炼过程中精神集中、周身放松、呼吸自然，使身体各部平均发展，侧重健身养生祛病，故名健身桩。技击桩是学习技击的基本功。在健身桩的基础上，运用意念活动，使全身建立"争力"（争力在一定程度上可以理解为身体各部松、紧的互相交替，可使精神和肢体、肢体和外界达到高度协调统一，从而在运动中充分发挥精神和身体的能量），并进而使身体与外界建立争力，名曰浑元力（这是传统的名称，意思是指上下、左右、前后的意力达到平衡、均整的状态）。求得浑元力的桩法，称浑元桩，它是技击桩中最基本的桩法。虽然因目的任务不同，分为健身桩、技击桩，但它们之间有着内在的联系。如果只是为了健身祛病，可不必站技击桩。但技击桩对增强人的体质也起很大的作用，因此这两种桩法又不能截然分开。到了训练的高层次，也分不出这两种桩法的区别了，不过一种平行步、一种丁八步而已。站桩是在无力中求有力，不动中求微动，静中求动最后达超速运动。真正的不动是不可能存在的。

  意拳认为，"松""紧"构成人体运动的基本矛盾。诸如力量、速度、灵敏、协调、耐力等运动素质，无不受人体肌肉松紧的制约，即为松紧所派生。因之就意拳全部的训练内容来说，就是怎样正确掌握和运用松和紧的问题。所谓"松、紧"，既是肌肉的"松、紧"，又是精神的、心理的"松、紧"，而首先是精神的"松、紧"。因为任何肌肉的活动，都是靠神经支配的，神经又是受精神意志的影响。因此，精神意志的控制是至关紧要的。意拳之所以突出"意"字，其道理就在这里。

  意拳以站桩为基本功，训练人从精神到躯体的松紧。首先是训练放松，进而训练松紧的相互转换，达到"松紧紧松勿过正，虚虚实实得中平"的协调状态。此种松紧协调，要做到"松而不懈，紧而不僵"，可促使气血通畅，新陈代谢旺盛，内脏器官的功能调整，使其均整平衡，从而增强体质。站桩训练使人体达到高度协调统一，肢体间处处通连，一动无不动，练成自身感觉的高度灵敏，"全身无点不弹簧"（意思是指肢体各部都能发挥出像弹簧似的弹力），以待其触，使之在技击中发挥作用。

"试力"是站桩在空间的延伸，不可用力，动作慢优于快，缓胜于急，要动中求静，进一步在微动中求速动，还要照顾到整体，"一动无不动"。亦即在站桩中培养的浑元力，在肢体有位移的情况下，体验是否仍然能够均整得力，可以运用自如地练习，为随机随势任意发力创造条件。

"发力"是拳术有效打击力量的动力。站桩、试力都是为了给练习发力准备条件，以便能够在不同情况下随机随势发力，这是意拳之所长。

"走步"又称摩擦步，是结合试力发力进行步法练习，亦为脚和腿的试力。其原则要求是"上动下自随，下动上自领"，在前后、左右、进退转换中，都能保持身体重心的平衡和整体的协调，以伺机发力。

"推手、散手"是拳术技击的实践训练。

"推手"为补散手之不足而设，亦是试力和走步的具体化，又可以叫作双人试力。当推手训练双方肢体接触缠绕时，要善于察觉对方虚实、强弱和力量的方向，并能牵制对手，施以有效的攻击。"散手"是拳术各项训练的总成，是直接检验拳术锻炼的综合体现，就其原始意义来讲，乃是不附加任何条件的徒手搏击。

"健舞"既是技击训练的一种手段，也是健身养生极好的练功方法。健身与技击两者不同，其区别在于练功的目的和任务。如果练习健身，只要缓慢、悠然自得地、随心所欲地做动作，"像在空气中游泳"一样，手之舞之，足之蹈之就可以了。如果是练技击，那从意念活动到肢体运动都和健身不一样了。技击的"健舞"要求复杂得多，从运动量、发力、节奏、攻防意识等，都要求模拟实战，神意要足、意念要真。所以，技击的健舞又可以称为"打鬼"，就像拳击运动训练中的空击练习。要做到"心中有神，手上有鬼"。

第二部分
桩法初探

第一章
站桩的基本要求

众所周知,站桩是意拳的基本功。但是,许多练意拳的人,对站桩没有真正的认识。有的人不知道站桩的真正意义,盲目地认为站的时间越长越好,他们一站就是四五个小时,结果练了几年、十几年什么都不是。也有人,没有从站桩中得到好处,不是总结经验,而是望洋兴叹而去,临走时说:"站桩是傻站。"这两种人实在是既冤枉又可怜。衷心希望真正有志于练习意拳的人们,在练功伊始,就要把这个问题搞清楚,所谓"磨刀不误砍柴功"。下面我就本人的亲身经历和体验谈一谈对站桩的看法。我在15岁时开始练站桩,目的就是增强腿部力量,其他什么也不懂。到了北京体院,每到星期天去中山公园,见到姚先生,鞠过躬后,就一边站桩去了,一站就是几个小时。有时候老师过来给纠正一下姿势,有时一上午也没有过来说一句话,甚至到中午散场的时候,都忘了还有一个学生傻站着呢。那时的想法只有一个:就怕老师不教,所以尽管很累也不敢不站,觉得这是老师对我的考验。说老实话,这一个阶段的桩,就是傻站,什么意思也没有。后来,我的执着得到老师的认可,才开始了真正的练功。当真正掌握了站桩的奥妙时,其美不胜收的意境,无法用文字表达出来。我所走过的弯路不希望年轻人重蹈覆辙,浪费宝贵的青春时光。所以我一贯主张,必须先弄懂道理再练站桩。其实,站桩说简单也很简单,说复杂又很复杂，非常值得努力实践与探索。如果你是练养生的，在辅导者的指导下，采用某一种你的身体状况所能接受的站立姿势，找一个舒适的场地，风和日丽、鸟语花香，这么静静地一站，不用脑、不费力就能收到强身祛病的功效。如果你想练技击，那么从一开始就要对站桩有足够的认识。

站桩是我国传统武术共有的基本功。武术的各个门派和拳种，在其发祥的初期，都非常重视桩法的训练。因此，在武术界流传有"要知拳真髓，首由站桩起"的说法。后来，随着时间的推移和拳学内容的变迁，许多拳种逐渐忽略了桩功的训练。而意拳为了保持其本身原始技击特点，与其他拳种反其道而行之，把站桩这一古老传统的训练方法提高到了一个崭新的高度和境界，赋予站桩功以无限的生命力。意拳对站桩功从理论到实践，都不断地进行追求与探索，以至于在某一个发展阶段，站桩功甚至成了意拳的同义词。

意拳发展到今天，任何意拳爱好者和有志于从事意拳研究的人士，都应该对站桩功这一古老的课题，进行必要的重新认识。

要练书法，先要选好一种字帖，要练武术，先要选好一个拳种。如果你有机会接触了意拳，那就首先应该对意拳有一个最初步的了解，特别是它的特殊功法——站桩。

在前面的章节中我们曾经谈到，任何人体运动都是在神经系统的支配下，肌肉收缩作用于骨骼的结果。也就是说以骨骼为杠杆、关节为枢纽、肌肉收缩为动力，使人体进行各种活动。从事拳术练习也是同样的道理。要想通过拳术训练通畅气血、锻炼筋骨，求得健身与实用两个方面的效益，只有身体形体上的运动是不行的。当然，只有精神方面的活动也不行，需要的正是这两者的协调统一。

站桩就是解决这个问题的最好办法。王芗斋老先生称此为习拳之初的"不二法门"。意拳以为，所谓"拳"者，就是运动的外部表现形式，所谓"意"者，就是精神假借之支配。桩法正是锻炼全身的功夫。人身是一个整体，虽分身、手、头、足等各个部位，但不可分开来论，更不可偏重单一方面的锻炼。局部锻炼虽有一定的作用，但习练日久也有很多的害处。练拳是一回事，听小说是另一回事。谁的头有功夫，谁的肚子有功夫都是神聊。再说，谁能保证只打有功夫的地方呢？显而易见，光有局部功夫是行不通的，这与技击不能同日而语。

　　站桩是系统工程和运动技能的高度浓缩。运动生理学指出，运动技能的形成是复杂的、连锁的、本体感受性的运动条件反射的建立。人类运动技能的形成，离不开第一信号系统和第二信号系统的相互作用。所以不管是从事哪一项运动，都不能光练不想，或者光想不练。语言的强化和自我暗示无疑对运动技能的形成起到良好的作用。站桩就是在相对静止的状态下，统一意念、统一动作、统一气力、身心一致的练功方法，站桩练习者所得到的是全面的、整体的锻炼。实践证明，非由此一站不能得"一动无不动""一枝动，百枝摇"的拳术力量。

　　意拳大师姚宗勋先生说："意拳，就是神经支配，意念领导。"这是非常精确的意拳解释。

　　意拳站桩锻炼的基本方法是，用功时要气静神怡、呼吸自然、思想集中、全身放松，把步位间架安排适当，加以意念诱导，在相对静止的状态下，去认真体会"不动之动"的微动，再由微动中去体会欲动又止、欲止又动的精神状态。这就是芗老所说的"大动不如小动，小动不如不动，不动之动才是生生不已之动"。有了这种动犹不动、动静相互为用的体会和认识，才能体会到呼吸与周身的联系、身外的阻力、松紧力的作用，从而控制在平衡的状态下，通过持续锻炼的过程，再产生出新的不平衡。如此循环往复，无有止境。

　　站桩经常保持意力似断不断，力虽断而意犹连的虚灵挺拔、舒松均整、舒适得力的状态。

　　由于站桩功的重要，笔者不厌其烦地反复论述，唯恐阴差阳错使人误入歧途，浪费宝贵的时间与生命。站了一辈子桩，还不知道站桩是怎么一回事的人，大有人在。他们只追求站桩的时间、关节弯曲的角度，甚至把站桩与气功、特异功能混为一谈，相提并论，从根本上歪曲了站桩的本义。甭说与技击无缘，就是与养生也背道而驰。这些认知，可以说与意拳根本不着边。目前，一些意拳爱好者由于自身的学识和认识能力所限，对站桩功产生了新的想法。他们由于不愿意或不懂站桩的意义，而不喜欢练习站桩，从而丢弃了最珍贵的修为，而去追求拙力与技巧，这是非常令人惋惜的事情。

一般人都认为，站桩就是像木头桩子一样地傻站着。这是一个极大的误解。站桩是一个载体，是一个框架，不在乎其外表，而在乎里面能装什么东西。芗老曾说："但求神意足，不求形骸似。"又说："离开己身无物可求，执着己身永无是处。"离开了身体各个部位的技术要领，什么也练不了。但光从自己身上找东西，不与外界发生关联，不去问怎么用，那也白费工夫。有一次，我问姚先生站桩时的松、紧问题。因为我是游泳运动员，姚师就反问我："你在参加比赛的时候，站在出发台上听'各就位'时是什么感觉？是动？是静？是紧？是松？"经过姚师这么一问，我终于悟出了站桩时的精神状态，或者说是意境。拿技击桩来说，就是保持临战状态下的基本间架，准备迎击来犯之敌的状态。也就是已接未触时的临战状态。所以，站桩看起来是一动不动，实际上在高速运转，以待其触。所谓箭在弦上，一触即发。在此意义上讲，芗老称此为超速运动，不能说是没有道理的。通过在相对静止状态下的站桩练习，可以集中精神，用"想功"的办法来掌握和巩固技术规范。人们学习驾驶机动车，有时就采用在教室的模型旁边做精神驾驶训练，实践证明有很好的效果。总之，站桩不在外部形式的美观与否，重要的是其内容的技术含金量。

综上所述，是希望大家在练习意拳之前，先弄清楚桩功的重要性，这正像芗老所说："要知拳理，要知拳益，要知为何有此一动？"日本人管站桩叫"立禅"，有站着找感觉、等觉悟的意思。我看是有道理的。

前面讲过，由于练功的目的不同，站桩大致上可分为健身桩（养生桩）和技击桩。前者以平行步为主，后者以丁八步为主。健身桩与技击桩有区别又没有区别。在初学阶段，无论是练养生还是练技击，都应以健身桩（养生桩）为入手之法，在意拳训练到了登堂入室的时候，分不出什么是健身，什么是技击，两者融为一体更像养生，所谓意拳训练是松的时候多，紧的时候少。百炼之钢成绕指之柔。

健身与技击的区别在于意念活动的不同，而不在外型。好像一样的瓶子装不一样的酒。如果是练养生只要想着风和日丽、鸟语花香，在做休息式的运动，或者说是运动中的休息就可以了。如果是练技击，则要求在摆好姿势以后，首先要增强心理训练的内容。接下来，就要像电脑输入程序一样，利用桩法这个载体，一步步把各种技术输入到自己的身上。

在介绍桩法的具体站法之前，为了叙述的方便，先把健身桩和平步浑元桩的各自要求，分别论述如下。

一、健身桩

健身桩也称养生桩，是意拳的基本功，同时也是一种医疗体育的方法。意拳健身桩是一种科学的练功方法，不是所谓的气功，更不具备特异功能，也绝不会产生任何副作用，更不会走火入魔。按照意拳大师姚宗勋的讲法就是：通过自我锻炼，增强体质，祛病健身。站桩强身祛病的效果非常显著。综观所有的运动，随着练习时间的延续和运动量的增加，脉搏的频率都会加快，而养生桩则相反，练的时间越长，脉搏频率明显减少，血压趋于平稳，呼吸深沉缓慢，特别是微循环加强。所有这些现象，都是从事其他项目锻炼不可能实现的情况。所以说，健身桩是一种把锻炼和休息统一起来的运动。通过健身桩的锻炼，可使大脑得到休息，肢体得到适当的锻炼，是体弱和病患者容易接受并能在短期内取得明显效果的健身方法。强身健体的方法无穷无尽，"饮河止于满腹"，学会这么简单的一站，就会产生相当大的乐趣和获得健康的保障。健身桩不限年龄、性别、身体强弱，不拘场地大小、时间长短，人人可以随时随地地练习。除了站着练，还可以扶着东西练，也可以坐着练、靠着练、卧着练，总之行站坐卧都可练习。

(一)健身桩的基本要点

在进行健身桩锻炼时,其基本要点有三:

一是精神集中(思想意念集中)。先要凝神定意,目光远望,默对长空,扫除万虑。

二是周身放松。也就是内外放松,四肢百骸大小关节以及内脏尽可能地松弛,但是要求"松而不懈",既要维持姿势又不要用力。如一时做不到上述境地,可用意念诱导(意念活动),设想自己站于水中,头部露出水面,身体随水浮沉。设想片刻,自然会感到身体有漂浮感,内外放松,四肢百骸及内脏无处不轻松舒适。

三是呼吸舒畅。呼吸不用人为造作,用自然呼吸,气不可提,更不可沉,要匀静自然。如感觉呼吸不适,可改为口鼻同时呼吸,缓缓地长出气,至舒适为止。呼吸自然是意拳健身桩区别于所谓"气功"的一条重要的原则。以上所述为练习健身桩的三个基本要点。除此之外,还要遵从一般医疗体育的要求,如衣着要合体,腰带松紧适度,不饥不饱,练功前排除大、小便等常规做法。还要贯彻区别对待、合理安排运动量与循序渐进等原则。

(二)健身桩意念的运用

关于精神假借与意念诱导的作用及意义,均已在之前章节中作了扼要的说明,这里仅就前期训练中的运用作一简单介绍。

精神假借,意念活动似是二而一的概念,而从拳术训练的实践上说,假借是意念的活动内容,是为意念服务的。为了叙述的方便,统称为"意念活动"。在后面的健身桩训练的介绍中,将对意念活动的内容做详细描述。诸如,头如线系、似笑非笑、环抱纸球、似坐非坐、神意内敛、敛神听微雨、腋下容球、手扶水中木板、身下无床以及体会水中阻力等,已构成前期训练的意念活动的最基本内容。下面介绍的几项意念活动，只作为基本内容的补充与辅助，仅供练习时参考。

如感到周身放松有困难，可以设想身在浴盆中的感觉，或仰卧于水中，头露于水面外，身体随水沉浮。练习稍久后，自然会感到身体有漂浮感，内外放松，四肢百骸及内脏无处不轻松舒适。

作为感觉器官之一的皮肤，由于缺乏锻炼，往往影响整体的放松，造成反应不灵敏，动作不协调。为此可以设想站在淋浴喷头下面，温度适宜的小水珠从头到脚流遍全身，用皮肤感受那些细小水珠淋浴的舒适感。亦可设想微风习习，吹遍全身，根根毛发都可以感知清风往返和轻拂舒畅。进而，也可以摸索在水中或者大气中感受水或空气中的阻力与浮力，即是芗老所说"要学会在空气中游泳"之意。

意念活动的选择，最好切合自己的实际情况。意念活动的再现是需要亲身感受的，不可强求，不可执着，要在自然中逐步去做。意念活动要适可而止，如果一时做不到上述要求时，不可急躁，以免造成紧张。另外做意念活动时，达到了既定目的，就不必再用意念活动，直到那种舒适感觉消失时，可再用意念诱导。还有一点要注意的是，我们选择的意念活动的内容，都是美好和能够产生良性的诱导的事物。曾经有的气功师在教人练功时，要人们去想漂亮的女人，结果是毁人不是健身，可以说这样练习功法实在是一种罪过。

（三）健身桩锻炼中几个应注意的问题

（1）关于放松问题。松和紧本来是对立的统一体，只是由于人的神经、肌肉、关节在日常生活和劳动中经常处于紧张状态，所以在练功中特别强调放松。只有放松后，气血才可以达到自然舒畅，各种舒适感才能产生，体质才有可能增强。初学者往往苦于不会放松，越想放松反而越紧越僵。其实放松并不困难，关键在于必须做到自然。

全身放松要关注精神、肢体两个方面，首先应从精神放松着手。要自然而然地形成。如思想上在想我现在是在练功，并总琢磨自己站的姿势对不对？符合不符合要求？岂不知只此一想就已经使自身处于紧张状态，当时所摆的姿势必然造作，肌肉因而不能放松。如果换一种思维方式，自认为是在公园内散心，观赏着美丽的景色，感受着鸟语花香，呼吸着新鲜空气，甚至嗅到松柏树发出的阵阵清香。现在练功只不过按辅导者的指导，摆个架子，站着休息一会儿。这时的思想和肢体将自然地进入放松状态，也正是健身桩所要达到的良好境界。

站桩过程中，有时有意念假借和意念活动，肌肉也在相对地紧张工作以保持身体的直立和姿势的平衡。所以不是绝对的松，而是松中有紧，紧中有松，时松时紧、松紧适度，也就是常讲的松而不懈、紧而不僵。

有的初学者把下沉当作放松，实际上下沉不是放松，放松是使肌肉松弛，但身体还要有挺拔之意，犹如云端宝树，耸入云霄。

还有些人认为既然是练功，就得用劲才能得到功夫。所谓用劲长劲，这种想法不可取，即使是对于从事技击训练者亦是一大错误。王芗斋老先生曾经说过："形体越松，血液循环越畅，气力增长越快。如用力则身心发紧，全身失灵，甚至有血气阻塞之弊。"学者不可不知。

（2）关于精神集中的问题。练功时的各种意念活动，都是在精神宁静的状态下进行的，并逐步进入到忘我境地。一些初练者往往感到精神集中很困难，越想排除杂念，杂念越来，更加思绪纷繁，反而造成精神紧张。为此，历来养生家设有许多方法，如外寄内托、固守一处等。这样对初学者可能有些帮助，但不如听其自然，采取来者不拒、去者不留的态度，任凭思想随意活动，把精神稍稍引向比较快乐、舒畅的事，避开不痛快和烦恼的事，或在各种思想活动中，把注意力放到体会一下身体各部位是否放松了，何处还有些紧张感觉，有意识地加以调整，或者把思想引向一个幽静的环境，设想身临其境地观赏美景，或假借躺在微波荡漾的水中，随波微动，在温暖的日光下，舒舒服服地尽情地享受着大自然的风光。总之用这些方法，不强制排除杂念，而自然起到排除杂念的作用。久而久之，练功时自然而然地达到忘我的地步。

有些初学者，在精神比较安静时，往往昏昏欲睡。这虽是一种正常现象，对健康也有益无害，但不是功法要求的忘我境界，真正的忘我应该是杂念不生、思想专一、神光内敛，犹如明月清辉、尘埃不入、精神活跃的状态，久练者自可从中得到意想不到的舒适。

为了减少外界干扰，在练功初期固然应该尽量选择比较清净的环境，但为了适应功法要求，在练功中应有意识地锻炼闹中取静，这样能够适应外界各种不同条件，对外界各种不同干扰不产生厌烦情绪，顺乎自然、怡然自得，进而达到视而不见、听而不闻，将自己忘掉的境界。

（3）呼吸问题。站桩时采用自然呼吸法，完全听其自然。控制呼吸的练功方法是错误的，闭气练法更甚。因为呼吸本身是人的生理本能，一有矫揉造作便破坏了本能，有百害而无一利。站桩锻炼中虽有时要求口微张，但尽量用鼻呼吸。练功者不应过多注意口鼻的同时呼吸，绝不应故意延长呼吸，特别不应憋气。

练功时间长了，虽然是自然呼吸，但不同于平时的呼吸，而是逐渐成为腹式呼吸。即每次呼吸，小腹部位均有一张一瘪的感觉。在自然呼吸的基础上，逐步达到匀、细、深、长。最佳境界是完全忘了呼吸，似乎已经不用鼻子呼吸，感觉是周身的毛孔均已张开、放大，所有毛孔都在进行呼吸，与外界空气进行着交流。达到这种境界会感到非常舒适，但不能强求，练习日久，自然会出现。总之，呼吸必须顺其自然，不可人为地控制，把自然变成不自然，把正常呼吸变为不正常的呼吸，能对人体产生好的结果吗？呼吸自然是练习健身桩的一条重要原则，学者切记。

遵从一般医疗体育的基本要求：衣着要合体，薄厚适度。不饥不饱，练功前排除大小便。选择空气新鲜、视野开阔、环境优美的场地去练习，效果会更好一些。夏日不可在阳光下暴晒，冬季要避免冷风直吹，出汗后注意不要着凉等。总之，初练时力求避免或减少外界的不良干扰或影响。

（4）初学者必须对自己的精神状态及身体健康状况心中有数，并且与医生和辅导人员密切配合，以便随时随地得到相应的指导，选择力所能及的姿势与恰当的意念活动进行锻炼，充分体现量力性原则，从而取得最佳锻炼效果。

（5）运动量的掌握与控制是否得当，直接影响着锻炼的进步和效果，同时也影响着锻炼的兴趣。既要在锻炼中使潜在的能量发挥出来，又不许体力过分消耗。就意拳的训练内容来看，其本身就包括对自身进行再认识的过程。要做到"舒适得力，适可而止"，具体而又灵活地掌握和控制运动量，初学者最好是留有余力。

与运动量有关的诸多因素，应综合在一起来判断。这是非常重要的。单纯片面地追求某一项指标作为运动量大小的度量标准，并认为是找到了捷径，这是错误的认识。例如，有些病患者或是拳术爱好者，由于想尽早祛病健身，或更快地掌握拳术要领，就以"恨病吃药"的态度去锻炼，片面认为出汗越多效果越好，姿势越低疗效越高，时间越长越好，意念活动越激烈、紧张进步就越显著等。这种脱离实际的想法和做法往往会导致事与愿违的结果。

意拳站桩的运动量，控制在以心脏的搏动及呼吸的次数不失常态的范围内。以在当日除练功外没有其他过大的体力活动的情况下，次日清晨起床时不感到疲劳为度。总之，在练功时留有余力。练功后精力旺盛是运动量恰到好处的标志。

站桩不是摆空架子，起关键作用的是内容而不是形式。初学者站桩往往把精力放到姿势的掌握上，极力追求"正确"的姿势，唯恐姿势走了样儿会影响疗效。其实，这样的想法和做法不但背离了精神集中、周身放松、呼吸自然的原则，束缚住了精神和肢体，而且恰恰是造成水平停滞不前乃至望洋兴叹而去的直接原因。

应该认识到，一成不变的"标准"姿势是不存在的。站桩的姿势是为其锻炼的内容服务的。因此，要围绕内容的变化而变化。就站桩的姿势而论，它是内在力量的外部表露，之所以称它为运动能健身祛病，是在于其能通过意念诱导，使得机体内在活动逐渐加强，使机体间与脏腑的内在联系得到调节与加强，从而使得整体处于松而不懈、紧而不僵的最佳运动状态。俗话说："真道练神、假道练形。"用意拳的说法就是："只求神意足，不求形骸似。"

站桩过程中，由于身体内部的机能变化，会出现种种不同的反应。因每个人的情况不同，如年龄大小、体质强弱、病变程度、生活习惯，以及资历、爱好、性格、经历的不同等。站桩过程中的感受，反应情况也不尽相同。大体上可有以下几种反应情况。

酸痛感：站桩开始几天，肩、臂、腿、膝等处，多少会有酸痛疲劳的感觉。一些身体局部受过伤或开过刀的人，站桩初期疤痕处有时也会发生瞬间的疼痛。有的病灶部位还会出现反应，如神经衰弱者出现头痛，胃肠病患者腹痛，肝炎患者肝区痛感在练功时甚至超过平时的疼痛程度，甲状腺肿大者，站一段时间后颈部有针刺感等。这些都是练功后自然的生理反应。一般在三五日后即自然消失。这些反应可以说是好现象，说明站桩引起了机体生理活动的巨大变化，代谢功能得到了提高。

麻胀感：站桩时经常会出现发麻、发胀的感觉。最容易出现的部位是手指和整个手掌，有的人手臂、腿、脚也会出现这种感觉。练习一段时间后，皮肤上好像有蚂蚁或小虫爬的感觉，出现部位不定，脸上、手臂上，有的甚至全身都会出现这种称为"蚁走"的感觉。所以，能有麻、胀、"蚁走"的感觉出现，是练功后微循环加强、毛细血管扩张、血液循环通畅的良好体现。

温热感：练功过程中会产生温热的感觉，最明显的部位是手和脚。随着站桩时间和日期的增加，全身均会产生温热的感觉。练功中由于意念活动的强烈，身体会自然出汗，当身上出汗时，说明运动量已经不小了，应该控制不要超过自身的承受能力，以免影响医疗和健身效果。

震颤感：站桩稳定的姿势，需要四肢肌肉保持持续性的收缩状态。因此，随着站桩时间的延长，工作着的肌肉群就要发生程度不同的震颤现象。练功初期，震颤轻微不见于形，但用手抚摸能有所感觉，部位是从膝关节到大腿。继之，震颤明显，大腿内外侧肌肉会出现有规律、有节奏的颤动。再进一步，身体外形上可看出颤抖现象，有的人颤抖的幅度很大，好像要跳起来一样。经过一段时间的颤抖又逐渐变为震颤，最后不显于外形，只感到内部在突突突地高速运动。令人感到放心的是，不管肌肉的疲劳程度如何，练习站桩不会出现心跳加速的现象。这也是此功法的绝妙之处。

不同感：站桩过程中，会出现两手位置高低明显不同的现象，但练功者主观感觉上，却认为抬得一般高。若将其两手摆成一般高，他反而感觉到显著差异了。这种不同感还表现在机体内部，如练功中会感到身体一侧与另一侧感觉不一样，如沉重感、温度感等。

形成以上现象的原因，不外乎植物神经活动失调，肌肉松紧未能取得一致，或身体局部病灶的影响等方面。这些差异现象，有的人在站桩两三周后即获得改善，有的人则需更长的时间才能逐渐好转。

舒畅感：站桩站到一定程度，由于大脑皮质内抑制作用的增强、代谢循环等一系列生理功能的改善与提高，身体就会产生一种特别舒畅的感觉。练功时，如醉如痴，飘飘然如在云中。练功后头脑清醒愉快，胸腹部空灵舒适，乃至全身轻松爽快。这种舒畅感随着站桩功夫的加深，会愈益显著。

以下是练习健身桩的一段口诀，会对大家有所帮助：

用功时，莫着急，应找个舒适的场地。利用大自然的吸碳呼氧，和紫外线的杀菌力，凝神静气地站立，身躯宜直，两足分开与肩齐，浑身关节都含着似曲非直意。内空灵，外清虚，两手要慢慢地提起；高不过眉，低不过脐，臂半圆，腋半虚，左手不往鼻右来，右手不向鼻左去，往怀抱不粘身，向外推不逾尺，双手变化在范围里。不计好坏之姿势，更不重势之繁简与秩序。须体察全身内外得力不得力。守平庸，莫好奇，非常都是极平易。研学术从不分今古和中西，这种运动也算真稀奇。因为世人多不知，不用脑，不费力，并不消磨好时日，行站坐卧都可练习。这里边蕴藏着许多精金和美玉，无限的神思钻研起来生天趣。有谁能体会到这自娱能支配虚空宇宙力。锻炼的愉快难比喻、飘飘荡荡随他去，精力充满身不疲。注意顶心如线系，遍体松静力如泥，慧眼默察细胞系。如疯如癫，如醉也如迷，蓄灵独存悠扬相依，海阔天空涤万虑，哪管他山崩海啸日月星球都转移,且顾眼前我自娱。只要你肯恒心去站立,自有你想不到的舒适和兴趣。这就是前辈不传的秘诀。

二、平步浑元桩

求得浑元力的桩法名为浑元桩。浑元桩是一切桩法的基础。所以我们在叙述的时候,尽可能地详细一些。

(一)平行步浑元桩的基本外形

首先要凝神定意,两脚分开与肩同宽,两脚尖稍外分呈外八字形,膝关节微弯曲,胯部微收,臀部似坐非坐,小腹应常圆,胸间微含蓄,两手在胸前呈抱球状,手心向内,两手间距两拳左右。肩撑肘横,力贯掌心。头直目正,颌下若夹一乒乓球,腋下若能容球,顶心如有细绳吊系。以上就是平行步浑元桩的基本外形。

(二)平行步浑元桩的意念

前文已述,健身与技击的区别在于意念活动的不同。如果是练养生,只要想着风和日丽,鸟语花香,做休息式的运动就可以了。如果是练技击,则要求在摆好姿势以后,首先要增加心理训练的内容:将精神放大,设想自己站在一望无垠的大地上顶天立地"欲与天公试比高",大有"会当凌绝顶,一览众山小"的雄伟气概。然后再逐步调整检查,使身体各部位符合具体技术要求。达到精神与肢体的高度统一。在调整了身体的外形以后,开始注重意念活动,即精神假借。这是桩法的核心内容:先设想整体环抱着一棵大树(不是真正意义的大树,而是符合我们的想象,能与我们的手臂、胸部、腹部,以及下肢各身体部位都能吻合的,想象中的大树），当然真的大树，不可能长成我们要求的这样。随之再设想，两手和双臂乃至全身抱着这棵树分别做向上拔、向下栽、往里挤压、往外扒、往前推、往后拉以及摇晃等动作。特别要强调的是：意念假借用意不用力，动作越小越慢越好，意念中虽然不能将大树引动，但似乎有随我意之支配，而微微颤动之感觉。能有那么点意思就够了。要注意凡想象中与树接触的身体部位，胸腹、大小腿等处，皆有应和两臂微动之意。待这种意念活动产生了初步的感觉，下一步就要打乱意念的顺序：在想把树刚提起来就往前一推或者刚把树栽下去，又横向把它的皮扒开，抑或刚合上又往后拉，刚往起拔又摇晃它等。因为抱树的意念训练，是和将来的技击实用分不开的。现在是抱树、推树、摇晃树，将来就是要用摸索到的拳术力量，将其变成推人、拉人、放人。实用时，用力没有固定程序，所以在训练的时候也不能按事先安排好的工作顺序去练习。再提高一步，到了训练有素的时候，就应在意念训练中，建立一种模糊的感觉：又想把树扒开、又想合上、又想拉、又想提、又想压，结果是什么也没想，什么也没做。想了又没想，做了又没做的模糊状态，就好像一张白纸能够画出任何美好的东西。从技击方面言之，就是后发先至的待发状态。即已接未触之时的松紧状态。其最终培养出来的力量是：碰到哪儿，哪儿才会有迅速的反应，碰不上就什么也没有的高度省力的奇妙境界。所谓模糊的感觉不是发呆，而是精神的高度集中，就像足球守门员准备扑点球那样。意拳站桩开始要求用意不用力，但很快就能做到意到力到，最后要做到意力不分。真到了应敌或者遇到歹徒的时候，什么意什么力就都谈不到了。按拳学老前辈所述，习拳的最高境界应该是"拳无拳意无意，无拳无意是真义"。也就是在有意无意之间。善于游泳的人，身在水中，往往忘记了水的存在。正因为忘记了水的存在，才游得更好更自在，就是这么个道理。在练习技击桩的时候，要假定三尺以外，七尺以内四周围有挥舞着锋利兵器之巨敌，与毒蛇猛兽蜿蜒而来，面对共争生存之情景，须当以大无畏之精神而应付之，以求虚中之实也。如一旦大敌林立，在我如入无人之境，潇洒以周旋之，则为实中求虚。芗斋先生称此为技击入手的"不二法门"。

（三）平行步浑元桩详细技术分析

以下就浑元桩身体各部位的具体要求，进行详细的技术分析。

头：头的位置对人的整体运动非常重要，不同的头部位置可以引起不同的状态反射。练习健身桩要求头顶好像有绳吊系，能使身体感到挺拔就可以了。练习技击，则要把绳吊系的位置，调整到颈后的发际部位。也就是颈后有头发与没头发的分界处的中间部位，而不是第七颈椎。这一微小的变动，将对全身力量的均整，起到决定性的作用。

颈：颈下若能容球。脖子下面，好像夹着一个乒乓球。这个要领，对练习技击来讲有着非常重要的意义。其一，可以调动背部大肌肉群参加整力的发动。其二，保护了颈部易被攻击的软弱部位。拳谚说：喉头永不抛，会遍天下众英豪。许多练习技击的人，在开始练功的时候，忽略了这个问题，给以后带来不必要的麻烦。

胸背：要求背紧胸松。胸部微收，使后背感到有力。扬脖挺胸是绝对错误的。要有在冬天身上披着斗篷的那种感觉。

肩肘：要求肩撑肘横，力贯掌心。肩撑肘横不是沉肩坠肘。意拳讲：学拳不须慌，间架配适当。意拳间架，即由两个肘尖与颈后构成的三角结构。这个区域是自身守卫的营盘要严加防守。与此同时，肩撑肘横使动作幅度比较开阔便于发挥攻防技术。两个肘尖的定位，在力量的发挥上，有着非常关键的作用。无论做什么动作，两肘尖不许忽而靠近忽而远离，给对方以可乘之机。打个比方，意拳间架好像中国象棋的布局：头部即为将帅，两肘算是双象，而两手就是双士了。

手：两手距离约二三拳，十指分开，虎口微撑而指尖微敛，掌心内吸，有持物不使坠落之意。掌心内吸配合手指外张，似有线绳束缚，欲张不得之感。吸吐相互作用不可偏重。

腹臀：小腹应常圆。臀部似坐非坐，胯部微收，好像坐靠在一个纸做的椅子上，随时都可能垮掉，要保持自己不能摔倒，始终拿着那股劲儿。

意拳周身无点不弹簧，整个身体就是一个大弹簧，最大最主要的弹簧就安放在前面大腿根的胯上。往后练习发力的时候，这个部位就是技术的关键。髋部的退让性工作，很像举重训练中的负重下蹲。这将对拳术中极为重要的"鼓荡"功夫有决定性的影响。

膝：芗斋先生曾说："膝盖骨一处力之生发动用颇堪玩味。"两膝扣合又有外撑之意，由膝骨至脚面有由脚面至膝骨上撑之力，又欲直立却被绳索将脚面与膝相连不得撑开之意，而膝盖骨以上部分有向上总提之力，同时更具有下坐之力，膝内屈大小腿筋络有相聚之力，同时又具有相反之支撑力。借鉴举重训练"引膝"的技术，大腿前面好像有水从腿根向膝盖下流动，这样拉长大腿的肌肉纤维，对发力具有很好的帮助。

脚：脚后跟如踩着一个小虫子，既不能把它踩死，也不能让它跑掉。如此控制才能使跟腱处于工作状态。

第二章
四种基础桩法

"欲知拳真髓,首从站桩起。"站桩看似简单,实则要求繁难,无数初学者或望而却步,或浅尝辄止,殊为可惜。这部分内容主要面对身弱养生者与初学自修者,帮助他们在没有老师现场指导的情况下开始学习意拳。针对上述人群的桩法训练,一个特点是"要求少",道德经云:"少则得,多则惑。"特别需要提醒的是,要求少并不意味着低级,拳术如学术,有一寸进便有一寸欢喜,重点是看有无真实的体认,而非心里知道多少要点与秘诀。有些复杂的桩法,不易自修掌握,初习者往往顾此失彼,导致全身僵紧,失却了站桩的本意与初心。

下面的训练内容,双手位置较低,肩颈放松较为容易。训练顺序上将六面力分解,逐一去体认上下、左右和前后的力量,最后再加以组合。

一、十字支撑

意拳讲究"在十字里面求生活"。十字支撑桩既有丰富的内涵,又易于入门。具体练法如下:

首先要凝神定意，两脚分开，与肩同宽，两脚尖稍外分呈外八字形，膝关节微弯曲，胯部微收，臀部似坐非坐，小腹应常（松）圆。头直目正，颌下若夹一乒乓球，胸间微含蓄，腋下若能容球，顶心如有细绳吊系。

两手在身体两侧展开，手心向下，两臂微屈，斜向下方，如同扶着两边的栏杆。注意肩撑肘横，力贯掌心。以上就是十字支撑桩的基本外形，颇类似一个中文的"介"字。

二、提插桩

在十字支撑桩的基础上，可以训练提插桩，此阶段重点体认上下争力。具体练法：

下肢同十字支撑桩。上肢动作略有变化：双手下垂，两肘外撑，手心相对。两肘微向上提，而手指有直插入地的意思，但只能用意，不能用力。两臂并有外撑里裹之意。自然有沉胀的感觉直达指尖。肩要平，腋下要虚弱能容球。周身大小关节均有似曲非直之意，且不可弯曲过大。

三、提抱桩

初练提抱桩，重点在于体认左右争力。具体练法如下：

下肢动作同十字支撑桩。上肢动作变化为：两手在体侧，肘关节外撑，手心向上，手指相对，两手如握球状，高度不低于肚脐处。余皆同前所述（双手若在水面上各托一个纸球，以此巩固上下争力的意感。随后，想象左右手十指尖如有细丝棉絮相互牵引，体会左右极细微的争力）。

四、扶按桩

初练扶按桩，重点在于体认前后争力。具体练法如下：

下肢动作同十字支撑桩。上肢动作变化为：两手前伸离身尺许，高度在脐上一二寸处，手指分开，两手之间的距离，相当于胯的宽度或稍宽。设想十指指尖各系有一条有弹性的细线，另一端拴在前方墙上或树上。此时身体略向下坐而后靠，重心后移，同时设想手指微牵绳子以保持身体的平衡，又不致将绳子扯断，一引即止，一止再引，如此反复练习。

此式练得稍久，可改变意念活动，逐步将前述提插桩与提抱桩的体会增加进来。如设想站在深可齐腰的水池中，两手轻轻去扶按在水中漂浮的木板上，稍按即停，稍停又按，仿佛按时身体微有上升之感，停按之时则微有下沉之意。足跟似离地非离地，不可真的离地，也不可真的落在实处，要有不即不离的意思。在意念中，身体上浮下沉之际，身体重心又微有前后移动之感，同时又要体会左右的分争。练至此阶段，可以初步体认六面力，发现看似静止枯燥的站桩，其实包含着无穷的理趣，而身体各项机能也有调整，身体素质得到明显的提升，为下一步的训练奠定坚实的基础。

第三部分 意拳爱好者自修的八个单元

在意拳教学过程中,笔者针对初学者设计了一套训练程序,共八个单元。经过近些年的实践,这套训练程序取得令人满意的成绩,初学者能够初窥意拳门径,对意拳的基本练习方法有较为详细、系统的了解。在繁忙的工作之余,能较好地练习最基础的功法。

第一单元
浑元桩/内外分手/蛇缠手

一、训练内容

（一）学习浑元桩（平步撑抱桩）

要点：

（1）学拳不用慌，间架配适当，强化"金三角"。
（2）流水的屁股螳螂脖。
（3）宁叫筋长一分，不叫肉厚一寸。
（4）正确理解浑元力。
（5）身体各部位要合理协调配合。

（二）学习内外分手

要点：

（1）注意身躯与手的协调配合。

（2）体会"相对运动"的理念和"身子耍手"（或称"手懒身勤"）的意拳拳学原则原理。

（三）学习蛇缠手

要点：
（1）这是意拳推手的基本功。
（2）体会前臂出入螺旋和上下肢体的协调配合。

二、功法说明

（一）浑元桩（平步撑抱桩）

平行步浑元桩训练自测

以上所述，是浑元桩的一系列技术规范。那么怎么检查站桩是否基本正确呢？有许多练站桩的人，从外形上看像那么回事，可经不住检验。当辅导者推他的胳膊时，一般会出现两种情况：一是太僵硬，碰他的两臂，结果整个人都被推动了，这就是说他的胳膊成了传递受力的工具；另外一种情况就是一碰胳膊，他的间架就瘪了，这两样都不对。说明他不懂站桩的道理。正确的反应应该是像按弹簧一样，你推他、压他、拉他、托他到一定程度，他都会反弹回来，这才是站桩所要求的状态。再举个例子，站桩就好像棒球比赛的接球手那样，对高速飞来的投球，硬碰硬地去接，肯定接不住还可能受伤。应该在触球的一刹那，往后卸一下力，就能稳稳地接住球了。再打个比方，练功者应该像大宾馆的弹簧门一样，你去推它，它是一定会弹回来的。要"放"人则像托排球一样，硬顶不行伤手指，软了不行持球违例，要恰到好处地掌握时机，"一触即发"。意拳讲究"周身无点不弹簧"就是这个意思。另外，在检查练功者站桩是否正确的时候，经常能碰到这样的情况：他采取抱树的意念，我们用手向里去挤压他的胳膊，他则用习惯的用力方式，向外做直接的抵抗，这是错误的。其结果是他的力非但用不上，反而容易被利用。正确的做法应该是来自外界的力量越大，越应该通过意念将怀中的大树抱紧，此时力量会增大很多，这才是站桩时应该达到的整体撑抱力，是整体力的统一与协调。前者的用力，是人们的局部习惯用力，是笨拙的用力方式。而后者是通过训练有意识地加强了整力的培养，是技术性的功力体现。类似的例子，如果你用局部的力量，去直接克服压在你前臂上的、对方向下的按压力量，你会感到很吃力。此时你如果用意念去想象，用手去抓握住前面的一棵小树，你的力量顿时会感到增大了许多。因为前者的力量是局部抵抗，而后者则是整体的加强。

　　检查桩功正确与否，还要看站桩时身体各部位的工作状态。曾经遇到过这样的情况：有的人因能站几个小时的桩而沾沾自喜。但其实他的身体根本不在工作状态。因为他站桩时，只有一个空架子，没有内容。就是说他的关节、韧带乃至肌肉，都没有处在应感而发的预备动状态。具体来讲，他的脚下往往是全脚掌着地，脚跟没有一点儿空灵的意念，脚心没有内吸的感觉，因此他的跟腱处在松弛的状态，也就是说根本不工作，加上意念活动，跟腱应该坚挺呈弓弦状态。在教学中碰到这样的练功者，一旦让他脚上加上意念活动，他很快就会原地上下颤动，坚持不了多少时间就累得不行了。原先能站三四个小时的功夫一下子就没了。意拳站桩要求"骨缩筋伸"，所有的关节，特别是大关节处的肌腱都要处于弓弦状态。从事意拳教学的辅导者，应该经常用手检查练功者的膝关节腘窝处的肌腱和肘关节上臂与前臂连接处的肌腱。摸一摸这些地方的肌腱是否处于弓弦状态，也就是工作没工作。大关节处的肌腱是否处于工作状态，是站桩有效无效的重要标志。只有肌腱处于工作状态，才能达到全身的连通，肌肉的预先拉长则有利于发力的实施。

以上所述，比较详细地介绍了意拳浑元桩有关精神训练和身体各部的具体技术要求。这些并不是看不见摸不到的抽象东西，除了摸肌腱的方法，在一些训练有素的练功者身上，当他站桩时有了临敌的假想之时，会在他全身的皮肤上看到一粒粒的斑点凸起（俗称鸡皮疙瘩）越来越明显，这就是所谓的"毛发如戟"。这既是一种训练水平的表现，也是说明此时这个人具有极强的攻防倾向。"外练筋骨皮"提高皮肤的灵敏触觉，是意拳站桩独特的训练手段。以上基本上是意拳（大成拳）的原则、原理和个人训练及教学中的心得体会。虽然尽了很大的努力描写，但仍然觉得意犹未尽，如果能给广大意拳爱好者一丁点儿启发和帮助，则不胜自喜。

（二）内外分手

两脚平行开立，与肩同宽，两手高举成推托桩姿态。两手分别在体前的额状面上，做内外分手练习。所谓分手类似太极拳的云手。外分手，手心向外，大拇指朝桡骨一侧弯曲，使小指一侧的前臂及腕部呈凸状圆满有力。以右手外分为例，在面前做顺时针向外划圈，高至额头，低不过心窝。左手要求相同，方向相反，做逆时针划圈。两手在面前轮流做外分手。内分手，手心向外，小指向尺骨一侧弯曲，突出拇指根部鱼际处的挺力，然后右手做逆时针划圈、左手做顺时针划圈，两手轮换练习，协调配合。不管向内、向外，都好像面对一面大镜子，在用手掌擦灰尘。这个练习强调两点：一是手型的变换，二是身体的协调配合。身体与手的运动呈相对运动状态，即手向右时人体向左，手向左时身体向右。还要注意用身子去带动手做，也就是说身体要主动、多动，不能不动。手的动作相对来说要小得多。看上去应该是身子在晃动，而不是手在忙乎。内外分手练得熟练以后，可以做双手交叉的内外十字手，以及不同轨迹与不同节奏的混合分手。如果是双手在面前做顺时针的上下绕环，则为"鬼手断"。在定步分手的基础上，可逐步过渡到活步行进间的各种分手练习。进退步的活步分手，是经常用于实战中与对方游斗时的一种引拳。

（三）蛇缠手

平行步浑元桩开始。以左手为例，前臂内旋、扣腕、提肘，经腋下向左后上方约45°拧转伸出。手心朝后上方，拇指向下，类似水球运动的背手球动作。肘关节不要伸直。随着向左转体，头也左转，眼睛顺背手伸出的方向看去。此时最常见的错误是耸肩。手向后伸到一定程度（手臂不要完全伸直，肘关节保持一定的弯度），开始向反方向拧转，大拇指逆时针翻转，变成手心向上，肘关节仍然要保持弯曲，用小指一侧的掌根从后往前平扫，至体前于口鼻部位停住。右手练习要求一样，只是动作相反。单手动作熟练以后，开始双手协调配合的轮换练习（当一手向后上方伸出时，另一手则运行到体前，手心向上），匀速、慢速、快速、变速都要练习。蛇缠手，是练习意拳双推手的基本功。在这个练习的基础上，只要有指导者和同伴的带动，就能够很快学会意拳双推手的基础"打轮儿"。

第二单元
摩擦步/摇旋试力

一、训练内容

（一）复习

浑元桩、内外分手、蛇缠手。

（二）学习意拳基本步法——摩擦步

要点：

掌握"提、趟、扒、缩"。

注意"磨胫"的要求。

（三）学习进退步、定步、正常步法与大步练习

（四）学习平行步横移位，固定一脚的诱导练习

（五）学习"摇旋试力"

要点：

（1）意拳最重要的基本功练习。摇与旋在意拳训练中具有不可替代的作用。掌握了摇与旋的技术要领，其他练习，诸如试力、发力、基本拳法等可以迎刃而解。只要你练习意拳技击，摇与旋就是须臾不可离开的基本功。这是传统意拳教学中特别注重的技术内容。

（2）平步、丁八步、活步。倒重心，体会大腿根部的退让性工作。要克服扭胯的错误倾向，注意身体的整体运动。

二、功法说明

（一）摩擦步

初习摩擦步可以从立正开始。首先凝神定意，两眼直视前方一个固定的目标。以先行左步为例：两膝稍微弯曲一点，两手左右分开，在意念中好像两只手扶在两边的栏杆上，以保持身体的平衡（这是假借，不可真的扶握栏杆进行练习）。然后，开始出左脚，迈左腿。在提脚时，要设想是从烂泥塘里拔起来一样（又是假借），要全脚掌包括脚跟同时拔起来。如果我们先提脚跟，就好像脚上穿的鞋子会被烂泥粘掉，我们要小心不能叫鞋子被粘掉，同时还要设想左腿膝盖上面，好像有绳索垂直往上拽，帮

助整个脚从地上拔起来。脚拔起来后，缓缓地沿地面摸索着往前伸，好像脚下有一个细细的小圆木棍儿，用脚踩着这根圆棍儿，慢慢地往前滚动。在往前滚动这个圆棍儿的同时，还要设想不仅要向前去滚这个圆棍儿，而且还要向后回滚这个圆棍儿。于是我们将在这又去又回、又回又去的矛盾状态下，试探着往前走去。这种神态跟电视《动物世界》里看到的变色龙一模一样，看着它不紧不慢，欲进不进、欲退不退的憨态，真为它着急，可是一旦它对准了猎物，吐出长蛇般的舌头吞吃时，其速度和准确性又令人叹为观止，自愧不如。我们在做具体练习时，不妨学一学变色龙的样子，在外形上不一定做出来，但意念上要有那么点儿意思。因为我们在实战中，是不能让对手察觉出自己的步法意图和行步规律的。这一步可能是进，也可能是退，也可能是整步，又可能是半步，总之要令人捉摸不透。这种景象好像篮球运动员或足球运动员带球过人的一瞬间，处于左右不可判断的那种状态。当我们在矛盾状态下，左脚迈出到膝关节将要伸直的时候，向左斜前方落步，也就是左脚往外移两个脚的宽度（大约10厘米），脚尖先着地，然后脚掌和脚跟再落地。落地以后，身体重心开始缓慢移到左腿上去。左腿膝关节微弯曲，待身体重心完全移到左腿上面以后，开始把后脚（此时也就是右脚）慢慢地从烂泥地里拔出来。要求和拔前脚一样，注意全脚掌一起拔，不要将鞋后跟粘掉。然后也是想着脚下滚着一个细细的小圆棍儿，在又往前又往后的矛盾状态中，向着左脚渐渐并拢。当右脚收到左脚的踝关节内侧位置时，开始超越左脚往前伸出，要求仍然和迈左脚时一样。当迈到右膝关节将要伸直的时候，右脚向右斜前方落地，即右脚外移两个脚的宽度，也是脚尖先落地，而后脚掌、脚跟依次落地。紧接着再把身体重心慢慢地移到右腿上。当身体重心完全移到右腿上时，左脚又开始往起拔，然后徐徐经右脚踝关节内侧处并拢，再向前伸出。如是反复练习。此为向前走摩擦步的训练方法。需要强调的是，无论是向前走还是向后走，两眼始终要注视一个目标，而不是两个或两个以上。

下面介绍往后退的摩擦步。为了叙述的方便，仍从立正姿势开始说起。以先退左步为例，重心放在右腿上，即以右腿为支撑腿，开始拔左脚，仍是从烂泥地里全脚掌拔出，仍要设想左膝关节上面有细绳垂直往上提，帮助左脚从烂泥地里拔出来，然后踩着小木棍儿向后滚动，仍然是在有前有后、来回揉动的矛盾状态下，往左斜后退步。到左腿膝关节将要伸直的时候，用脚尖先着地，而后全脚掌落地。落地以后，则徐徐将身体重心从右腿移到左腿上，当重心完全落到左腿上时，以左腿为支撑腿，又开始提前脚，也就是右脚，要求一样。全脚同时提起，踩圆棍儿往后收腿，也是在矛盾状态下缓缓回收。此时不要用右腿一条腿的力量往回收拔，而要配合左胯朝斜后方坐，同时头顶向上顶，膝盖往起提，用全身的力量把右腿收回来。当右脚收到支撑脚，即左脚的踝关节内侧时，开始往右斜后方退步，要求和退左步一样。如此反复练习。

注意，不管是进步还是退步，都要经过两脚近乎并拢的阶段，然后再向前或者向后走另外的半步。整个动作与滑冰运动员收腿侧蹬的动作相似。至于向前走多少步，向后退多少步，则无规定，要根据练功场地的具体情况和个人的体力去安排。开始练习摩擦步可以只练进步或者退步。进一步熟练之后就要打乱顺序随意进退，以适应实战的需要。

以上谈到的是意拳摩擦步的基本练习。动作要求可以概括为四个字：提、趟、扒、缩。这是传统的步法训练口诀。提（膝盖）、趟（脚）是指起脚的动作，落脚则是（脚趾）扒、（脚心）缩。

有了以上练习的基础，再进一步地练下去。其要求是：在迈左步的时候（其他要求一样），前脚（左脚）往前滚圆棍儿时，不是单单地用前脚滚了，而是用后腿（右腿）和身体的力量，特别是胯的力量把前腿和前脚推送出去。送到膝关节将要伸直的时候，不忙于落地，而是用后胯的力量继续往前推送前腿和前脚，使前脚在后腿的推送下，向斜前方再多滑动大约15厘米。这就是说，整个步长要比基础的步法练习多一段距离。当前脚落地时，变脚尖先落地为脚跟先落地。前脚着地以后，身体马上要跟上去，体重立即移到前腿上（左腿），右脚和右腿也马上跟上来。跟到与前脚（左脚）所站的位置相等的地方。然后，右脚再往前滚圆棍儿，也是滚到膝盖将要伸直的时候，再用左腿左胯推动右脚向斜前方多滑15厘米。以上为步法训练的大步前进法。

做大步退步时，则是在后腿膝关节将要伸直的时候，用前腿（支撑腿）往后再接着推送，用脚尖继续往斜后滑，也相当于15厘米左右，应让脚尖先着地，紧跟着过渡到全脚掌着地。同时前腿也立即收回，收到与后脚落地相等的位置上。如此左右互换练习。在做这种摩擦步练习的时候，应该配合大式桩，因为配合大式桩训练，可以增加腿部的稳定和力量。

在步法练习中，特别是在前面讲到的第一种基本步法练习中，要集中精力，注意有以下意念：当前脚踩着圆棍儿（假借）在矛盾状态下往前走时，如果脚下碰到了障碍物，如正在行进中，碰着了一个树根或者一块石头，我们的脚要能够马上停住或者收回。后退也一样，要保持高度的警觉，一旦觉得不对劲儿，脚下有异物或者是凹坑，要能够及时处理，或者停住，或者收回。在意念上要始终有如临深渊、如履薄冰的精神状态。

王芗斋老先生关于步法有这样一段精彩论述："有定位者，步也。无定位者，亦步也。如前足进，后足随，前后自有定位。以前步做后步，以后步做前步，更以前步做后之前步，以后步做前之后步，前后自无定位矣。"步法训练，基于实战之需，就不能有固定之进退，而只能相机而动，随势而变。

（二）摇与旋

"摇旋试力"是意拳试力最基础的实力，所有的试力，都离不开摇旋的内容。没有练过"摇旋试力"，可以说没有接触过意拳，或者干脆说不懂意拳。在过去的年代里，意拳教学中最为珍贵的练功方法，一般是不会轻易传人的，其中"摇旋试力"几乎放在秘而不宣的功法首位，足见其在意拳训练中的地位。不管你是初学意拳还是意拳老师父，只要你还在练功，就一天也离不开摇旋。

摇旋试力：假设站立在齐胸的温水之中，采用推托桩的间架，两手举起，肘部高于肩部，手心斜向前上方，拇指朝下，两手半推半托。特别要注意，保持两肘与颈后构成的三角争力。这个练习最重要的一点，是两只手的动作要服从身体的动作，也就是两手相对不动，用身体去找手。

"摇"与"旋"有区别。摇，是在身体额状面上的左右错动平移。旋，是围绕身体的垂直轴所做的圆周运动。摇，用身体微微向左右移动，在双手相对不动的情况下，形成手与身体的平面交错。旋，在双手相对不动的情况下，用身体围绕身体的纵轴，做顺时针与逆时针的圆周运动。摇旋试力的大小幅度、快慢缓急都要练习。在做摇旋的时候，还要注意髋关节的稳定性，这个练习最常见的错误，就是扭胯，把整体的摇旋变成胯部的体操。其他的要求都与浑元桩相同，不再赘述。浑元桩是基本功的基本功，浑元桩站不好，练不了摇旋。在平行步摇旋的基础上，还要采用丁八步练习摇旋，包括顺步和拗步。技击步的摇旋动作的幅度，也要较以前的练习逐步放开，同时对动作节奏的要求也逐步提高。总之，内在的东西越来越丰富，外形变化亦能看出身上、手上有没有功夫，有没有东西，所谓"行家一伸手，便知有没有"。摇旋练习贯穿技击训练的始终，在此以后的各种试力、发力等训练中，都有它这个不可或缺的基础功夫。

第三单元
三种基本拳法

一、训练内容

（一）复习

浑元桩、内外分手、蛇缠手、摇与旋、摩擦步。

（二）学习意拳的三种基本拳法：短冲拳、钻拳、栽拳

要点：

（1）注意意拳拳法的特色。

（2）争力的概念，前手打拳后手用力。

（3）力不出尖、两手打拳的理念。

（4）学习平行步定位出拳，再练习丁八步出拳、固定一脚的练习、活步进退步出拳。

二、功法说明

（一）短冲拳

意拳拳法无论怎样出拳，都不能离开"形曲力直"的原则。即使是向前的直击，也不能把胳膊完全伸直。过度地伸直，极易造成手指和肘关节的损伤，而且易被人所利用。所以意拳向前的正面攻击采用的基本拳法，就是不直的直拳，按中国武术的习惯称为冲拳。练习的时候，从定步出拳开始；从技击桩丁八步、两臂横撑竖裹的基本间架做起（特别应该注意的是，始终保持两个肘尖与颈后形成的三角间架），两手虚握拳，前拳位置不动，意念上稍有往回缩的意思，立即用髋关节的退让与制动所产生的鼓荡力量，使身体猝然向前撞击前臂肘关节，将前拳径直向前方弹射出去。同时设想前手与后手之间有一条橡皮筋相连，在发力的时候，前后手猛然一争把橡皮筋扯断，前拳就像弹丸一样弹射出去，既有速度又有力量。这就是先辈所讲"前手打人，后手用劲儿"。与此同时，还要注意全身的协调，"身似弓弩拳如弹"。在做两手前后争力的时候，前脚猛然往地下一踩立即提起，膝关节力向前指，而后胯则力向后指，这是下盘的争力。意拳发拳的瞬间，看上去身体往下运动，好像举重运动员在做提铃至胸的那一股劲儿，大腿根部一颤动，实际上正好利用大腿以及整个下肢的反弹力量，将拳非常有力地发出去。这个动作是区别技击和拳击的重要肢体表现，也是意拳独特的发力方法。头向斜前方顶，脖子向所出拳的同方向拧转，眼睛向击打方向看。在实战练习中，特别要检查头部是否符合技术要求。比如是否仰头扬脖子。这是许多练习技击的人的一个通病，不但发不出应有的力量，而且一旦被对方击中是十分危险的。发现了这样的问题，只好回到站桩的基本功上去，慢慢把正确动作找回来。出拳前握拳不可僵滞，拳眼向上，前臂向内拧转。在击中目标的瞬间，拳眼正转到平面向内侧时，腕部向前下方微扣，拳头好像打在烧红的烙铁上，绝不可停留，随势弹回原先出发的位置。不直的直拳打到什么位置？以前脚脚尖为准，一般不要超过前脚脚尖，即"力不出尖"的狭义解释。意拳无论采取什么拳、掌，最重要的一条是：手足齐到。拿前冲拳来说，拳打到目标的时候，也正是前脚往地下踩的时候。以后的退步发拳、拗步出拳都不能违背这个原则。步法与拳法的高度协调统一，是中华传统武术的特色。拳击运动的步法和拳法不是同步运行，而是站稳了再打，所以不好利用全身的能量。在出冲拳的时候，身体一定要向另一侧移动，形成侧身攻击的状态。一来可以躲避对方的来拳，二来可以增加打击的力度，体现了意拳攻守合一的技击原则。

上面所说的是顺步冲拳。拗步冲拳则要求转体动作稍大一些，以后脚前脚掌为轴，向内拧转，腰胯相应转动，所谓"腰似车轮腿似钻"。拗步发后手拳的技术要领是：前手不动，用头去找前手，就好像头去投奔前手，要求保护一样，此时头部到了位置，后手拳非常顺当地就打出去了。不管是顺步拳还是拗步拳，都要求用身体带动手去做，而不能是手动得多，身子动得少，这就是"一动全身转"的意拳技击技术原则。身体重心的转移，将对击打力量产生极大的作用。

接下来谈谈蹬地转体的问题。体育运动的不少项目，都有蹬地转体的发力技术要领，按照武术运动的叫法，即"消息全凭后足蹬"。但究竟蹬地转体的动作由哪儿开始发动？经过什么途径传递力量？往往没有引起人们的注意。其实蹬地转体的动作，并非由后脚脚掌开始，而是由髋关节开始，经膝关节到足腕踝关节，即由近体端的大关节开始到远体端的关节，依次伸展完成。这和蛙泳腿的发力以及工作顺序是完全一致的。传统的说法中，把这个工作顺序弄颠倒了。真由后足腕开始用力，是无论如何发不出力来的。诸如此类的技术细节，意拳都要靠试力来完成摸劲儿的任务。

以上练习，可以空拳练习。先定位练，然后活步练，亦可在打沙袋的练习中摸索。在熟悉了前进步的冲拳以后，还要练习退步发力的冲拳。假如我们从右势（左手左脚在前）开始。左脚往后抽至右支撑脚的踝关节内侧，此时右手在原来的位置上不要动，待左脚经右足踝继续向左后方落步的同时，出右拳向前击打。要求也是左脚落地的同时，拳到达目标发力。特别要注意的是"同时"而不是"先后"。如从左势（右手右脚在前）开始，动作依然，方向相反而已。掌握了退步发拳以后，可以在以上练习的基础上，固定一只脚做支撑腿，另一条活动当中的腿，前前后后来回反复做进步、退步的发拳练习。这条腿做完了，再换另一条腿做同样的练习。支撑腿原地不动，但要随着身体的移动相应地来回拧转。左右支撑脚轮换练习，使步法与拳法协调，最后形成非常独特的意拳技击艺术。在基本拳法的基础上，如果稍加变动，在接触目标的瞬间，可变拳为掌，或变掌为拳。如果拳走空了，还可以猛向自己的胸前收回，同时肘关节做相对运动，向前横扫，此时打击的锋芒部位，将是前臂尺骨侧或肘关节的突出部位。这就是意拳的肘发力，也就是肘击。肘击的要点，在于收回的手要在打击力量到达的时候，用力握紧拳头，加强肘部的打击力量。肘击以后，手臂还可以往回做侧发力，以手掌的小指一侧外缘，像刀一样砍过去，谓之"横扫千军"。以上运动过程，说明意拳技击的连续打击能力和举手不留情的战术思维。

以上讲的是由基本拳法引起的几种变化。其发力机制是相同的。只在身体腰胯及肩的转动上有所区别。用肘击打，则身体转动的程度大一些。意拳要求"手不空出，意不空回"，即在没击中对方时往回收手的过程中，也要做出阻挡、偏挂等小动作，总要给对手一点小麻烦，干扰他顺利还击。这就是"回手似钩杆"之意。在做基本拳法练习的时候，同样要注意"但求神意足，不求形骸似"，重要的在内容而不在于外形的包装。实际上，这种冲拳称为不直的直拳，但不要误解外形上击打的方向是前方，而内里却包含有上下、左右、前后的争力呼应。由于全身的浑然一争，不管是前手或后手以及整个手臂，什么地方被碰上，都会产生强大的反作用力。意拳训练要求躯体各部能在任何情况下发力，但又要注意保持间架的平衡。"间架"是保护自己，同时又是便于攻击的基本姿势。这里再一次提醒大家，间架，最少应该记住，是保持两肘与颈后的三角营垒。也就是说无论怎样动作，两肘都要相对固定，不应该两肘忽前忽后、忽远忽近，失去了应占据的回旋空间和发力的技术准备。

在练习向前的冲拳时，最常见的错误是两手争力后，后手幅度太大，拉得太开，使自己面部暴露得太多。正确的争力，后手只是在自己的口鼻部位画一个小小的圆圈儿。应该做到前手竖，后手横，不管前手打得着打不着，在发力的瞬间，前手与后手应该形成两道防线。所谓"不在对方中与不中，而在己身正与不正""己正不管他人斜也"。平衡是力在发出时，要使身体能保持平衡状态，不能孤注一掷。在保持平衡的基础上，还要有发力的持续性，一发即止，一止又能再发，如此连续不断如枪炮之弹簧。因为有意念的支配（与假想敌之周旋），为了适应发力的需要，身体部位自然会出现高低、左右、前后等不同速度的、灵活机动的变化与转移。在论及意拳基本拳法具体练习时，特别要强调：练习的目的在于检验自己的力量能不能应感而发，并不在于完成一招一式，制定固定的进攻和退守的练习模式。意拳练习方法，既不同于"见招破招，见式打式"，在招法框框内求出路的练法，也不同于"千招会不如一招熟"，不看形势、不分主次而一味蛮干的练拳方法。之所以反复强调这些原则、原理，其目的就是要引起大家足够的重视。

（二）钻拳

由下而上的上冲拳。"起是钻、落是翻、起手如钢锉、回手似钩杆"。从下往上打的拳法，也是要求要有螺旋和拧裹横撑等诸项力的合成。意拳的上冲拳，不同于拳击运动的上钩拳。两肘所处的位置，仍然是保持横撑竖裹的间架。在出拳的时候，也不能有夹肘或张肘的动作，两肘要始终保持技击桩的基本间架。在前手拧转向前、向上发力的时候，后手做相反的动作，向后、向下争力，仍然是利用躯干的转动，和身体沿纵轴的上下争力，去加强前手的打击力量。一般情况下，前手应由原来的拳心向下的位置，拧转到拳心向内去击打目标。与其他基本拳的要求一样，不一定是什么部位接触对方，当然要把注意力集中到拳峰，但如果打过了头，就可以用手背或腕部去击打，利用手背或腕部的击打是在下发力的基础上，靠髋关节的伸缩所产生的弹力，向下砸对方的面部。大家都知道，在一般情况下，打反手耳光的力量，要比打正手耳光的力量大得多，所以用手腕背部的下砸，是比较凶猛的动作。由下而上的上冲拳，打得再过去一些，用肘关节击打也未尝不可。总之，思想要解放，不要受"拳"击的束缚。还要注意双手的轮换连击，当前手攻击过后立即回收，同时转体移动重心，变后手为前手，拧转向前、向上击出。至于顺步、拗步、进步发力、退步发力等，均与冲拳同一练法。从略。

前面介绍过，意拳是左右手齐动的打法。打顾结合、攻守合一，所以在一个拳进行攻击的时候，另一个拳或掌必定处于防守的位置。"两手结合迎面出，自然把定五道关"，就是说前后手的协调配合，会形成能攻善守的技击间架。从下向上的冲拳，同样可以变换为从下向上的掌法或肘法。往上击肘时，注意同侧的拳头去找自己的同侧耳朵。

（三）栽拳

由上而下的栽拳，又称栽锤，是中国武术的独特打击手段。它既不同于拳击的摆拳，也不同于拳击的平钩拳和下钩拳（向下的钩拳），拳击运动里从上往下打的下钩拳，已经废弃不用，而意拳对栽拳却情有独钟，当年我的老师就是以栽拳的出色发挥而威震武林。社会上有一种说法，以为姚宗勋先生练的是拳击式的大成拳。依笔者看来，说姚先生打的是拳击式的大成拳，无所谓是褒是贬。实际上姚先生是在当年芗老战胜英国拳击世界冠军英格之后，奉师命研究西洋拳法的。姚先生把拳击运动中合理的技术部分加以改进，借用到意拳技击训练中来，是符合意拳的治学精神的，是先进思想的体现。比较准确的说法，意拳技艺中，能够看到拳击运动的影子，而拳击运动与意拳毫无共同之处。栽拳仍然要求形曲力直，仍然要求用身体去带动手臂和拳头。在打栽拳的时候，身体位置的左右移动要比前面两种拳法幅度大一些。在拳术中，头的位置非常重要，前辈云："头正则四体百骸无不为其所用矣。"头在任何时候，都要保持适当的中心位置，适当的位置即为"正"。在技击中，头要始终处于运动中的平衡状态。头部位置的倾斜和过度的俯仰，必将引起身体枢纽的偏倚和不得力。不仅正确的发力将受到极大的影响，而且会失去任何抗击能力，受人威胁。俗谚"低头猫腰，学艺不高"，即是说的类似这种情况。相反，头部的位置正确，是实现"制人而不制于人"的应敌要诀的有效保证。当你的头部避开对手威胁的时候，也必定是你发力舒适得力的好时机。可以设想在技击中，一个人的头部位置不适应形势做相应变换，而始终处于正面临敌的僵滞状态，将会是什么结果。意拳宗师王芗斋先生对此有极为精辟的论述："松紧之枢纽在于上下，上下相引为周身互争之法。"没有以头部为引导的上下争力作为基础，前后、左右的争力就无所作为。比如把几个木棍横捆在一条垂直的钢索上，如果这条钢索是松弛的，那么这几条木棍就谈不上有什么支撑力。此时如果把垂直的钢索上下绷紧、固定，那么木棍上的支撑力也就明显加强了。人体之脊柱犹如这条垂直的钢索，而横向的木棍则如同人的手臂，要想出拳有力，离开脊柱沿垂直方向的挺拔是不可能的。所以说拳术中，头的位置具有重大的领导作用。

现在回过头来，介绍意拳栽拳的具体练习方法：首先要保持头部向上领，身体挺拔如高山峻岭，随着上步，头带动身体向后腿一侧横移，此时前手的手臂有一种被甩起来的感觉。以左手在前为例，左拳自体前横移，当前臂感到碰到对方阻挡的手臂时，吊提肘关节，围绕着"点"（和对方交叉之前臂接触点）向下栽去。此时身体有上长之意，拳心朝前，前臂内旋到位，以拳上突出的关节部位击打目标。在刚一接触目标的瞬间，全身猛然一紧，好像山崩地裂一样，将巨大的打击力量，由上往下落到对方的面部或身上。这时几乎是全部体重，加以加速度所产生的爆发力，大有泰山压顶之势，不可抵挡。此拳关键的要领，在于横移身体晚抬肘，千万不要先吊好了肘再往下栽，一则给自己造成危险，暴露部位太多、时间太长，二则没有了连贯的动力。只有在控制了对手的前臂时，才能顺势提肘下栽。与此同时，另一只手要注意保护自己的头部。栽拳属于重拳打法，一般在实战中不宜使用。

第四单元
神龟出水/单操手

一、训练内容

（一）复习

重点复习摇与旋、摩擦步、基本拳法。

（二）学习神龟出水

这是意拳另一个重要基本功，是典型的浑元力（上下、左右、前后）基本功练习。难度之高、幅度之大为意拳训练之最。掌握了这个基本功，意拳才有基本的味道。要注意意境的培养，既要神意足，又要形骸似。

（三）学习意拳单操手

能提高技击专项身体素质，亦可作为热身练习。前后悠臂、指天画地、左右砍架、老黑搬缸、猿猴攀登、二郎担山等。

二、功法说明

（一）神龟出水

大步桩姿势准备。两手举起，高与肩平，手心向下，前手前伸与前脚垂直一线，后手约在右胸乳部高度。整个身体是低姿大架，双手呈大幅度展开的扶按式。设想自己仍在水中站立，后手环抱成一个圆圈，前手也环抱成一个圆圈。开始练习时，身体下沉，头部从后手形成的圆圈钻入水中，后胯下坐，前腿髌骨处力向前指，前脚脚趾扒地。设想身体沉入水中后，向前找出口，即前手环抱成圆圈。头部经过这个圆圈钻出水面，自然是后腿蹬地，身体上下起伏。这个动作最常见的错误，是完成动作时成为弓箭步。应该始终保持前四后六的后重步法。另外，这个动作最难、也最应该注意的是身体向横方向的移动。如此反复练习左右互换。这个试力，传统的叫法是"神龟出水"，是意拳教学最为机密的技术专项之一。

（二）前后悠臂

两脚平行开立，与肩同宽，两臂分别向前、向后随转体动作悠起来，至前后平举自然落下，手心可同时向上，也可同时向下，一上一下也未尝不可。注意悠臂的动力来自身体的起伏，也就是髋关节和膝关节的压缩与伸展。两臂不可用力，头部不要转动，眼睛始终向前看。这个练习，为以后的向上发力做了很好的铺垫。

（三）指天画地

所谓指天画地就是上臂前后绕环，即一只胳膊向前，另一只胳膊往后，做最大幅度的、不同方向的绕环动作。要转肩不转头。肩关节的高灵活性，无疑对技击应敌大有补益。上臂前后绕环，既可提高肩关节的柔韧性，又可培养肢体和两臂之间的协调。这个练习，看起来很简单，实际上做好了不容易。初学时可能做不上来，可以采用双手在额状面上，也就是身体的正面，沿同一方向，即顺时针或逆时针绕环，而后逐渐变前面的圆为前后的立圆。

（四）左右砍架

两脚平行开立，与肩同宽，两手高举成推托桩姿态。姿势同上，当右手做外分手顺时针画圈时，好像是在进行格挡。此时左手自左上方到右斜下方45°角，以掌心向上，突出小拇指一侧的"手刀"做劈砍对方脖子高度的动作，左架右砍和右架左砍轮流转换。身体协调配合，左右转体。收下颏，眼睛始终向前看。熟练后可变换节奏，快慢结合练习。

（五）老黑搬缸

准备姿势为平行步提抱桩。两手好像在身体前面端着一口大水缸。要模仿老熊的样子，端着这口水缸往前蹭，注意是"蹭"不是走。此时要设想以身体的一侧为门轴（而不是以脊柱为轴），这样做的目的，是为了增大身体转动的幅度。先向前用一只脚蹭一步，也就是几厘米的样子，脚不离开地面，然后蹭另外一只脚，如此这般耐心练习，一点一点地往前蹭。

熟练以后再练往后蹭，也要想着水缸很沉重，行动起来很不方便。整个形象，真像一只大黑熊在笨拙地搬重物。这一类的练习，都要神意足才对。谁能想到通过这么笨拙的练习，能获得极为灵敏和协调的拳术特有素质？意拳散手的许多基本拳法的发力多基于此。

（六）猿猴攀登（又称"猴爬杆"）

两脚平行开立，与肩同宽。好像在我们的面前，有一架很高的藤梯，我们要学猿猴的样子，做攀上去再退下来的嬉戏。向上攀登，要做到身体全部伸展站直，脚跟离地，下降时要做到深蹲。两手轮流做抓握藤索的动作，动作由慢到快，再到变速。"但求神意足，不求形骸似"，把猿猴那种灵巧和敏捷，弄出那么点意思就行了。这个练习运动量比较大，可以自己掌握。

（七）二郎担山

独立桩开始，双臂前后摆动，手心向下，呈挑担子形状。如起左腿，提膝脚尖外摆，脚心横着向前。此时右手在前，左手在后，充分拧肩，右肩对正前方。稍加停顿，然后悠臂转体抬右腿，成左手在前，右脚心横着朝前的姿态。左右担山互换练习。注意头部位置，紧收下颏，眼向前看。这个练习，对促进手脚的协调配合，有很好的帮助。

第五单元
五种基础试力

一、训练内容

（一）复习

单操手、神龟出水。

（二）学习意拳试力

分水试力、饴糖试力、钩挂试力、偏挂试力、扶按试力等。力由试而知，更由知而得其所以用

要点：

（1）试力是意拳训练内容中最为繁杂的一项工作。所有的试力以摇旋、神龟出水为基础。

（2）用意不用力，神经支配意念领导，在抽象中求实际。

二、功法说明

(一) 分水试力

芗老把试力比喻成"在空气中游泳",非常形象地描绘出了练习试力时的神态。不难理解,游泳运动利用作用力和反作用力的理论,进行技术研究,以提高运动成绩。"分水试力",就是在陆上模仿人体在水中的动态。无论是平行步还是丁八步,双手放在体侧,手心朝前,拇指向上,肘关节微屈,不要伸直。然后,设想用双手往前拨水,此时身体应该往后移动。如果用手背往后拨水,则身体往前移动。依此类推,手与身体的运动是相对运动。初练时,两手可以采用同一高度的分水试力,而后可以采用任何一种双手不在一个高度或不在一个平面的分水试力。这个练习,不应只注意前后动作,还要注意上下、左右的争力意识。头部收下颌的技术要领更需加注意。

(二) 饴糖试力

试力训练一般从平行步开始做起,然后再向丁八步过渡。"饴糖试力",采用平抱桩为起势,手心向下,两手中指相对,在胸前呈抱球状,精神集中,眼向前看。要设想手下有一大团糖稀,两手斜向前下方,缓缓地将双手插入糖稀里面。到全手都被糖稀裹没时,再将双手慢慢向斜后方抽拔。注意体会糖稀的黏稠度,不可将手与糖稀分离,即"运力如抽丝"之状。前压时设想有浮力相阻,后提时要设想有力相牵引。次数不拘,时间不限,左右互换练习。要注意用意不用力,但求神意足,不求形骸似。要大写意不要工笔,只要感觉到有那么点意思就行了。总的说来,在试力时无论用任何姿势和意念，动作要慢，但不可断。手向前行，感觉随时有力量向后来；手向后行，则随时有力向前指。上下、左右亦然。在又去又回、又回又去的矛盾状态下进行练习，此即前人所谓"顺力逆行"之意。力量要始终处在这种又向前又向后的吞吞吐吐的矛盾状态。也就是说要求处处、时时都有争力存在，到处都有阻力感，阻力感的大小与功夫的增长成正比。初练时多注意手上的感觉，待手上有了东西以后，则要求用全身去做。

（三）勾挂试力

勾挂桩开始，两手手心相对，大拇指第一节略屈而上提，食指向前指，小指斜向下指。设想十个指端各有一个细弹簧系于前方，双手缓缓地斜向后拉，同时两手手掌的外缘（即小指一侧的掌沿）和腕部向左右两侧拧转，待转到手心向下时，再改为向前推。前推时，要设想指端的弹簧有阻力，慢慢地将弹簧顶回，前手推到将要超过前脚位置时，再向回拉。仍然要注意两肘尖与颈后形成的三角间架。两肘不要忽而远离忽而接近。拳架散了，拳劲儿就整不了。这个练习特别要注重的是，当两前臂向后拧转时，好像用刀背儿去刮瓜皮或者是刮毛剃光头，而不能做切割的动作。这一点将在推手实用中作详细讲解。所有的试力都要用平行步、丁八步甚至大步分别左右互换练习体会。

（四）偏挂试力

平抱桩起势，设想两手手下有一大团糖稀，两手手指分开，手心向下，缓缓向前插入饴糖。至双手全被裹没时，开始慢慢向外拔。左（右）手拇指带动手掌拧转外翻，待掌心转到斜向右（左）上方时（前臂与上臂约呈120°角），改为向下、向外拧转，直到掌心向下、再向前插去。同时右（左）手虎口微撑，小指斜向前指，掌心含蓄并向下，用掌根下压外撑，同时缓缓后拉外分。配合手部动作，胯略后坐，左（右）膝关节髌骨处力向前指。待左（右）手掌心转到向下时，随左（右）手向前插去。同样，平行步、丁八步左右两个方向都要练。

（五）扶按试力

平抱桩开始，两手手指指向前方。设想身体站在水里，手下按着一个水球，慢慢地用手把球压下尺许，再让它缓缓地浮起来，手上既要有向上浮提的退让性工作感觉，同时也要有克服越压越有阻力的感觉。如此左右、平行步、丁八步、顺步、拗步交换练习。在注意上下的同时，也要注意左右的开合与前后的呼应，特别是胯部的伸缩。通过以上的训练有了一定的基础以后，进一步可以做如下练习：采用大步扶按桩姿势，两腿重量分配为前四后六，两手抬起约与肩平，手心向下，十指尽量分开大一些，指向前方，前手的位置大致与前脚上下垂直，后手位置略低于前手二三拳，两手左右的距离二三拳。设想站在水中，手下按着一个浮力较大的球，手仍被粘在球面上，如不能脱。用手缓缓向前推球，身体同时配合，球来到腰部随之略向前俯挤。设想球被推得微微动荡，随即后拉，变身体前俯之势为力向后靠。上体斜向后靠，臀部稍向下、向后坐，同时前腿髌骨处力向前指。设想球被拉得略有动荡，又变为向前推。往返练习，左右互换。注意前推时手有上提之意；后拉时寓有下压之形；前俯时头上有上起之势；后靠时臀部有下坐之景。完整看来，这个试力的全部过程，既有身体前后的运动，又有上下的起伏，还有左右斜向的摆动。这正是体验上下、左右、前后力的平衡均整的极好练习。此练习要着重注意手腕处的变化。身体前俯时手腕扣腕，用手腕的背部往前拱，身体后靠时要扬腕，用掌根下压外捻，拇指朝身体方向内扣，保持开合力。

第六单元
四种基础发力

一、训练内容

（一）总复习

重点复习需要强化的所有练习。

（二）学习意拳主要发力

以正发力的学习为主，另学下发力、侧发力、偏挂发力等。

（三）学习要点

（1）试力为匀速运动，发力相当于制动、刹车。
（2）掌握重点技术要领，反复练习，逐步熟练。

二、功法说明

（一）正发力

定步正发力，是意拳最基本的发力。其准备姿势即为浑元桩。站好丁八步，重心落在后腿上，两腿支撑体重所用的力，大约是前三后七，大腿外侧边缘似有力向内微裹，两脚则有意外张。后脚跟有踩蚂蚁之意，前脚要虚，前腿膝盖骨力向前指，同时后胯向后略靠，胯关节处力向后指，与前膝向前的指力相引。两手抬起，在胸前呈抱树状。在练习定步正发力的时候，两只手的形状要做一些改变。变双手叉开五指为双手虚握拳，也就是中指、无名指、小指的指尖轻触掌心，拇指和食指呈环状，虎口微撑，前手拳眼斜向前上方，后手拳眼向上，前手略高于后手四五厘米。除手形的变化以外，其他要求都和浑元桩要求一样。须特别注意的是：保持颈后与两肘肘尖构成的三角形间架。保持住这个间架，才能有攻防的优势保障。双手发力动作的范围是：高不过眉，低不过脐，左手不向鼻右来，右手不往鼻左去，向前推不逾尺，往怀抱不沾身。

在发力之前，要设想自己的肩到肘关节这一段（亦可称为手臂之根节）不存在，同时设想肘到手这一段（手臂之中节与梢节）是一枚大钉子。这样做的目的是有利于肩部的放松，有利于力量的传递和注意力的集中。开始发力，首先是髋关节做退让性的压缩，带动身体和手，有往后微微移动的一点意思，然后立即利用胯部的反弹，催动整个身体前冲，要设想整个身体像是一个大锤子，骤然间要用整体这个大锤子去撞击肘关节（以撞击前手肘关节为主）这个假想中的钉子帽，与此撞击的同时，双手向内拧转，旋转着向前方伸去。假设在与对方身体接触的一刹那，手指突然弹直，此时就会觉得有一股强大的力量破指而出，发力动作也就算完成了一个周期。实际上整个正发力的动作，就是从浑元桩经过平抱桩到推托桩的完整技术演练。完成一次定步正发力，要非常仔细地关注下列几个方面的问题：

（1）在发力前要周身似松非松，若无其事。稍有用力则肌肉凝滞，会在很大程度上影响发力的速度与效果。

（2）发力时，两手即将到达目标时想象碰在烧红的烙铁上，要求"一触即发，一发即止"，时间稍长就会被烙铁烫坏。这样才能保证"发"与"收"的迅速。意拳非常讲究发力动作的完整性。整个发力要做到"一"而不应该是"二"，即"发"与"收"要一气呵成。

（3）在发力的瞬间，后胯往下靠，前腿髌骨处向前指，前脚猛然往地下踩，好像能够踩到地里去一样。这很像我们在劳动中使用铁锹挖泥沙那样，后胯往下坐，前腿膝盖往前下方努，前脚也是往地里踩，就是那么一股劲儿。发力的瞬间一踩即提，不许延长。此时两腿支撑体重的力量分配为前七后三，但也要很快就弹回到未发前之状态。仍然是前三后七，以利再发，如枪炮之弹簧然。

（4）随着整个身体对肘部的撞击，头顶向斜上方领，额头也要相应地向前冲撞，颌下要把那个想象中的乒乓球夹紧，这样做是为了有利于力量的发挥。

（5）双手在到达目标的瞬间，要有左右分拧的动作。好像前臂上下都有绳索捆绑，在发力的一刹那，两臂同时向左右分拧，"咔嚓"一下子要把上下的绳索都绷断。

发力时两手也不许伸直，要求形屈力直。两臂向前伸出，不是简单地直去直回，要做到"出入螺旋式"。具体的练功方法是：设想两个前臂好像两个空筒子，里面装上半下子水。往前旋转出手的时候，要想着用半下子的水去涮空筒的内壁，这样一来就可以调动身躯内部的功力，不会有力量单薄的感觉，而是实现力量的极致发放。整个发力过程，很像施工中使用的冲击钻的工作原理。所谓冲击钻，是又有冲击又有钻。如果钻头不转了，或者冲击力没有了，都不能正常地进行工作。我们的发力和这个道理是很类似的。

（6）发力时精神上要求指向很远的地方，要追求意境的真实感，诱导周身的"精神激发"状态。所谓"势如龙驹扭丝缰，谷应山摇一起撞"。

（7）身上的力量有如弹簧，伸缩不已，要保持继续发力、连续打击的精神和肢体的战备状态，而不能孤注一掷。

（8）原则上练习发力要结合试声（见前面试声一章有详细论述），运用声波的振荡，弥补发力细微的不足，亦为检验发力是否有不得力处的一种手段。

上述为意拳发力最基本的练习。从这个练习的过程和要求来看，我们可以对站桩的重要性获得重新的认识。如果没有通过站桩，摸索到上下、左右、前后平衡均整的拳术力量，而想直接练习发力将是缘木求鱼，是不可能办到的，必然是顾此失彼，东扶西倒。从外形上看，发力很简单。过去芗斋先生与人较量，都是浑身一抖，就把人放出丈外。但是就这么一抖，所包含的内在力量就不是靠笔墨能够说清楚的了。概括起来，"发力"就是浑元力的发动。发力中肢体同时具有上下、前后之起伏，以及左右横向之摆动和身体沿纵轴之旋转等。所谓拳得八面力是也。从肌肉的收缩形式来分析，则既有等张收缩（长度改变，张力不变），又有等长收缩（长度不变，张力改变）。从整个发力过程所包含的各种力量来讲，就更复杂，包括了整体的弹力，肢体旋转产生的螺旋力，肢体曲折形成的三角力，外形间架构成的斜面力，骨骼支撑变化产生的杠杆力等。总之是外形简单而内容丰富。说来说去，只有通过站桩，才能找到成功的路径，舍此无第二法门。各种力的摸索和培养，可以说是日积月累逐渐"凑合"起来的，既不能揠苗助长，又不可望洋兴叹。只要坚持练下去，自然会"悟"出个中之玄奥。临渊羡鱼，不如退而结网。

（二）下发力

在练习定步下发力的时候，开始可以采用勾挂桩的基本姿势。即丁八步站立，两手抬起，略高于肩（相当于口部），手指向前，虎口微撑，拇指第一节微屈，屈处上指如挑物状，食指稍上抬而前指，三、四指微敛，小指斜向下，手心相对，两手间如挤一球。腕部下屈如钩物状。在做定步下发力的时候，要设想面前高处有一个滑车，滑车下面吊有重物。我们把两只手轻轻地搭在滑车的倒链上，然后凝神定意，猛然向下降低身体重心，后胯向斜后靠，同时前脚仍然要往前下蹬地，以保持身体的平衡。髌骨处力向前指。在身体猛然降低重心的同时，双手用腕关节的尺骨茎迅猛往下砸，双手突然一紧，变掌为拳（虚握），脖子下若容一球，也要猛然压紧。这时的意念活动，好像是用全身的力量，把滑车下面吊的重物一下子给拉起来，也是一发即止，一拉就完，身体及双手立即又恢复到发力前的蓄力待发状态，准备再次发力。如前所述，松是经常性的，而紧只是刹那间、暂时性的事情。练习定步下发力仍然离不开桩法，实际上这个发力就是丁八步桩向大式桩之转换。初学者练习下发力，可以从丁八步开始到大式桩结束。而进一步的训练则要提高要求，在发力的全过程中要由丁八步桩经过大式桩再回到丁八步桩，这中间不应有什么明显的停顿，当后脚落地时要设想是踏在弹簧板上，一下子就给弹了回来。虽然是下发力，两手也应该有前后、左右的运动过程。双手在往回收的时候，两前臂仍然有涮筒子的意念，肩要撑，肘要横，向下、向后还要有左右的开合之力，这就是浑元力八面出锋的概念。这个发力还可以叫"拍皮球"，是形容在实用中能通过下发力，让对手像皮球一样地跳起来。最少应该理解为，发力是来回劲儿，不是有去无回。这个发力传统的叫法是"蜻蜓点水"，顾名思义，就是一沾就起的意思。

（三）侧发力

侧发力是横向的发力。准备姿势采用平抱桩的间架：丁八步，全身自然直立。两手抬起，约与肩平，手心向下，手指相对，虎口微撑，指尖微敛如抓球状。两手拇指内侧与上、前臂如环抱一球。在向左（右）发力的时候，意力先要向右（左）即向发力反方向引导，好像练习书法那样，欲左先右，欲右先左。以向左侧发力为例，首先用意念引导身体向右靠去。初练可以露形，进一步则要求不在外形上有所表现，含而不露，即所谓"形不破体，意不有像"。向右靠时设想靠在一个很大的弹簧上，阻力很大，一下子被弹簧弹向左方，这时两手及手臂均向内旋转，同时向左右分拧，好像要把面前的东西猛烈撕开一样。向左（右）发力的重要之处，在于头部位置的转动。如向左发力，头就应该向左转，同时眼睛看着发力的方向，术语叫"变脸"。由于头部的转动，带动了身体纵轴的旋转。根据生理学状态反射的机制，头部向左转动，会加强身体左侧肌肉群的紧张度，其效果就是力量的加强（头部在空间的位置改变以及头部与躯干的相对位置改变时，可反射性地改变躯体肌肉的紧张性，这种现象称为状态反射）。由于头部向发力方向转动，带动了腰部、腿部向发力方向的拧转，于是产生了强大的离心力，将对手连甩带撞使其受到很大的损伤。腰的转动、腿的拧转即前人所谓之"腰似车轮腿似钻"。在这个发力的过程中，还有一条容易被忽视而又不能被忽视的要领，即身体纵轴方向的意力延伸，也就是上下之争力。"意拳在十字当中求生活"，忽视了这个环节，将会极大地削弱发力的效果。前面叙述过的正发力的所有技术要领，其他发力都要借鉴，兹不赘述。

（四）偏挂发力

以推托桩为准备姿势。仍以右势为例，两手同时向身体左侧划立圆，前手划逆时针圆，后手划顺时针圆，变掌为虚握拳。前手动作大，后手动作小，完成动作后，前手肘部高于腕部，后手腕部高于肘部。身体与手做相对运动，即手向左偏挂，身体向右横移。其他要求同前。

第七单元
单推手/双推手

一、训练内容

（一）总复习

查漏补缺。

（二）介绍单推手、双推手

重点介绍手型的变化和几个最重要的原则原理。学习钩挂试力、扶按试力和偏挂试力的实用。

（三）学习要点

守中用中、全身之法、节点面线法则、力学原则等。

二、功法说明

（一）单推手

单推手就是双方以单手相接触的推手。单推手的情况在技击中较为常见。因为双方在接触之前，往往都会采取侧身对敌的攻防基本姿势，此时如果双方都是右势或者都是左势，那么只要双方肢体一接触，就会形成单搭手的局面。如果一方是左势而另一方是右势，那么他们在肢体接触的时候，应该构成双推手的搭手形式。单推手同时又是进行双推手训练的基础。认真练好单推手，对更好地掌握双推手技术乃至散手技艺，都会有举足轻重的影响。

单推手的训练方法如下：

（1）搭手。双方在搭手时所采取的准备姿势，就是浑元桩的基本间架。丁八步前三后七，两臂在胸前呈抱球状，横撑竖裹，撑三抱七，特别注意要保持两肘与颈后形成的三角争力的间架，也可以说坚守自己的中军宝帐。其他所有的要求都与浑元桩相同，只是在两脚的站位上显得更自由舒展一些，以舒适得力和符合个人习惯为标准。前手呈半握拳的"鸟难腾"手型，后手相应地自然抬起，不必过于拘泥，但一定要放在胸前，作为后续呼应和保护的手段。意拳推手是为实战服务的，同时也是实战的一种形式。因此，不管是单推手还是双推手，都要随时准备应付脱点后的散手攻击。从推手的基本姿势就可以看出站桩功的属性，原来意拳的基本功和实用之间，竟是这样的一致。所有与实战毫不相干的东西，意拳无暇及此，不屑一顾。

双方搭手时，各采取左势（右手、右脚在前）或右势（左手、左脚在前），也就是双方同时以左手相接，或者以右手相接。开始接触的部分一般为双方前臂中段的外侧，当然要公平，不能一开始某一方就占了上风。单推手虽说是半边肢体的接触，但要通过这半边的接触，达到控制对方整体的目的。

（2）单推手的适用。双方一搭手就有了"点"上的较量，这个"点"就是双方短兵相接的前哨或焦点。在"点"上是互不相让的，如同中国式摔跤讲究让跤不让把的道理一样，既要保持一定的紧张程度，不使与对方相交的手臂滑脱，又要保持"点"上的灵活和反应的灵敏。要随时掌握对方的动向和企图。要靠这个"点"去感觉辨别对方的松紧、虚实、力量的大小与方向，以及有无整体的拳术力量等，这就是所谓的"听力"或者叫"听劲儿"。兵法云："知己知彼，百战不殆。"在推手的过程中，我们时刻要注意"点"上的风云变幻，成败之机亦在于此。在这里我们还要复习一下"指力"的概念。搭手以后，无论怎样变化，或主动或被动，"点"上之力总是要指向对方的中线，也就是重心所在，别无旁求。从实战的角度来分析，搭手局面的形势，乃是散手攻防交接的结果。实战中，如果能直接击中对方，岂不是省了许多力气和麻烦？但事情总不会顺心所愿，你一出手攻击，他必出手迎、挡，于是便出现了搭手的局面。这种现象经常能通过看拳击比赛得到证实，两个拳击手直接打的时间，几乎赶不上搂抱纠缠的时间。至于推手的划圈儿，乃是互相寻找攻击的空隙和拨转对方威胁力量的方向，而形成的对抗性周旋路线。出于实战的需要，双方搭手后所走的攻防路线，就不固定是哪一个方向的圆圈。"圈"是在对抗中自然产生的，所以也许是顺时针，也许是逆时针，也许是斜圆，抑或是立圆，也许主动，也许被动。推手的形成是双方势均力敌的结果。如果双方力量悬殊，强的一方或能"搭手就放"，或者一搭手就能"定中"，控制对手动弹不得，只能俯首称臣。

（3）打轮。现在从训练手段角度，列举双方前臂做逆时针转动的推手方式，来分析单推手的技术要领。当双方前臂接触之后，甲由抱球状的基本姿势开始，拇指朝向身体拧转前臂，变成掌心向下，手指斜向前，通过"点"上的控制，压住对方并直奔对方胸前肩下的部位。在前臂拧转的同时，要增加"点"上的摩擦力，带动对方前臂，使对方指向自己的指力改变方向，落在自己身体的侧面，从而消除对自身的威胁力量。这里提到的增加"点"上摩擦力的技术要求，涉及到在前面提到过的，我们的前臂，究竟是在对方的前臂上做切割动作呢，还是做刮毛的动作？意拳拳谚："支点力滚丝。"滚丝不是滚动，而是像机械中的齿轮的工作原理一样，是咬合。只有想着要在对方前臂上做刮毛的动作，才能得到正确的结果。所谓刮毛，就是在对方的手臂上做横向的动作。如果对方"点"上没有变化，或者跟不上"点"，只这前臂一拧就可以用正发力将其放出。对方越顶越僵，则放起来越漂亮。在这种情况下，乙方要通过"点"上的觉察，判断出甲方的意图。首先要保持住前手的撑抱力，不要松"点"更不要"瘪"。然后顺来势稍往下坐后胯，重心后移，同时身体与前手做反方向的运动（摇旋基本功），即前手相应，做向右向外的拧裹，改变甲的攻击力的方向，以螺旋应付螺旋，并且身体向左横向移动，利用整体之动破坏对方的平衡。只要你能通过前手与身体的相对运动，保持你的右臂没有越过自己的中线（鼻之所在），即右手没到鼻子左边去，你就会有足够的力量，维持身体的平衡。当对方的进攻被瓦解之后，立即翻转手掌压在对方的前臂上面，变被动为主动。得势后马上转入反攻，向对方的胸部推去。注意推手在意识上是要推人，要克服对手手臂的阻拦，向对方身体发动进攻。没有这个目的，推手就成了双人舞。推手，说白了，这些动作就是站桩、试力训练中所做过的"摇""旋"以及"神龟出水"等基本功的再现。缺少桩功和"摇、旋"训练，无法领略推手的奥妙。当乙由被动转为主动，向甲发动进攻的时候，甲相应地重复刚才所述的乙的动作。如此往返练习逆时针划圈的单推手。

　　在单推手练习中，所有在前一节中讲到的原理、原则全部适用。如手的活动范围，仍以高不过眉、低不过脐、向怀抱不粘身、向外推不逾尺、左手不往鼻右来、右手不向鼻左去为原则。前手超过前脚尖，叫"出尖儿"。向怀抱粘在身上，没有了活动余地称为"瘪"，"出尖儿"即失去了对平衡的控制，极易为人所乘。"瘪"了则失去了任何回旋余地和反击所需要的空间，失败是无疑的了。手超过中线，就会失去全身的平衡均整，会感觉到站立不稳和使不出劲儿来。推手的胜负好像下棋一样，等机会让对手犯错误，然后利用他的错误，扩大自己的优势，从而战而胜之。上述的推手练习是单推手最简单的一种形式，但实际运用过程中不会是这么简单。下面就来谈谈这种单推手形式所引出的几种变化和应对措施。

（4）前手被对方下压控制时的变化措施。当前手被对方压"死"不可抗拒时，不必用力向上托顶，可顺势放松前臂，将肘关节提起，手腕向里旋转向下垂，使原先的一个腕关节在上、肘关节在下的斜面，变成肘关节在上、腕关节在下的斜面，这样可将对方的压力引向斜下方，这时不管对方的力气多大也使不出力量来。在这种情况下，我们可以用突出的肘关节，来构成对对手胸部的威胁。当对方感到不合适，需要重新调整力量的时候，我们又可以乘机再将手腕子翻转回去，仍变成肘关节在下、腕关节在上的斜面。同时做到全身的协调配合：头顶向上领、后脚蹬地，重心前移，充分利用自己的体重，变被动为主动，最终把前臂压在对方的前臂之上，再伺机在控制对方的基础上发起进攻。手在上控制对方的力量应该是：身体往后靠，手指往前指，保持又去又回的矛盾力。这就是所谓"定中力"的含义，即用内在的变幻不定的功力，去牵制对方使之陷于进退两难的境地。

（5）身体偏倚的补救。在推手过程中，无论前伸后撤，都应保持身体枢纽不偏不倚。但有时被对方所牵动，造成自己暂时失去了平衡的支撑，这并不意味着必输无疑，只要及时补救，还是可以稳定局面的。如我的前臂被对方牵动，形成了手超过自己身体中线的不利形势，这是单靠臂部力量很难挽回局面的。莫若就势将前臂向内拧转着向前伸出，将对方的指力改变方向，引向自己身体的侧面来保护自己的中线。与此同时，身体向前手的同侧倒重心，仍用"点"指向对手的中线，这样就可以挽回失利的局面。如果对方继续顶抗，我则可以顺势将拧成麻花的胳膊再向相反方向拧转，同时往回抽手，变成掌心向上的形势，用前臂和手背形成的曲折控制对方，变被动为主动。

还有一点要说明的：意拳推手不执着于脚步的固定位置，在单推手中也可以靠步法的转移来调节周身的平衡。再者所谓的单推手，也离不开另一只没有搭上的手的呼应和配合。在深入一步的对抗练习中，如得机得势能将对方"放"出去时，另一只手也可以辅助使用，而不存在什么犯规不犯规的问题。因为这是培养技击实战，而不是舞蹈与游戏。实际上由于两人的条件对等和单推手的独特手法，谁也不占便宜，想用后手帮忙，也不是太容易的事。

当你的前手被对方扯动过了自己身体的中线太多，根本不可挽回即将失败的情况下，你可以顺势将前手往身体的另一侧回收，用肩发力的技术将对方"撞飞"。其他拳种有的管这种用力方法叫"靠山膀"，很形象。

（6）打放结合。单推手不但是意拳的一种练功方法，同时也是进行技击的一种手段。真正意拳的概念，只要一接触就能瞬间解决战斗。比如我们抱着浑元桩的间架，在与对方身体接触的一刹那，按照意拳发力的要求，一触即发。这时可能发生几种情况：一是直接击中对方，当然最好不过，如果对方接手时很僵，那么他的胳膊就成了传递力量的媒介，就会被整体撞出。如果他的胳膊在接手时很软弱，由于意拳出手有指力的含义，目标是对方的口鼻部位（中线所在），其结果可能是借他的手打他的身体，也就是冲垮了他的防线直捣黄龙。当两前臂刚一接触的时候，我们还可以通过用中指带动手部，做向手背方向的甩腕，利用手腕和前臂形成的曲折，控制对手的前臂，形成手指向下、手心朝向对方胸腹的塌掌攻击形势。在接手的瞬间，我们还可以向内扣腕，拧转前臂，高吊肘部，手心向外，拇指向下，形成栽拳的攻击态势，注意用另一只手保护自己的面部。过程中当然离不开"摇与旋"的基本功和身与手相对运动的拳理依据。往右挂人，身体应该向左移动，其余依此类推。

以上介绍的是，意拳单推手的最基本的练习方式和一些简单的应机变化。在此基础上，大家可以参照前面详细论述过的推手原则、原理做创造性的发挥。只要不违反原则、原理，任何外部的形式，都无所谓正确不正确。学拳的关键要搞"通"道理，若一一具体地解说，则会落入说手拆招的俗套，而束缚了学者的思想，难以发挥拳学之潜能。意拳推手中螺旋力和指力的结合，能够将所有的所谓擒拿方法迎刃而解，这是通过先进教学方法学会使用原则、原理的应有效益。一招一招地学，那要学到什么时候？如果大家有兴趣，不妨找意拳里手当面探讨。

（二）双推手

双推手，顾名思义就是两手同时接触纠缠的推手方法。双推手的变化，要比单推手复杂得多，对全身的配合和步法的灵活等方面有较高的要求。从一定的意义上来讲，推手技术的内在变化要更加细致、精奥。此外搭手的技击艺术乃是我们中华民族所特有的技击术，是拳击、柔道、泰拳等国外拳法所欠缺而有待发展的对抗技巧。意拳双推手是实战训练的一种形式。以往学习意拳推手都是老师亲临指导，同学之间揣摩研讨，在口传心授的基础上不断地实践，才慢慢得心应手，形成自己的风格和特色。现在要用笔墨形容出来是非常困难的。要掌握好双推手的技术，只能通过不断的实践，摸爬滚打，从所谓"挖泥鳅""斗牛"的初级阶段，逐步登堂入室进行真实的探索方能有得。纸上谈兵是不行的，按图索骥亦非良策。这里仅就几种常见的双推手形式来分析拳术原则、原理的运用，希望能对本书的读者起到抛砖引玉、引导入门、建立兴趣的作用。

（1）搭手。以双方均以左势（右手右脚在前）为例。甲用右手以背手桩（前臂内旋扣腕，手指朝外，肘关节高于腕关节）的形式，放在乙的左手前臂的外下方。左手举起，小指朝外，手心向上，腕部高于肘部，放在乙的右前臂的外侧方。乙方用同样的动作和甲搭手，于是就形成了意拳双推手的最基本搭手形式。此时双方机会均等，谁也不吃亏。

（2）打轮。从双方搭手开始，然后双方各自分别用左、右手做蛇缠手（详见单操手）动作。即用前臂的旋内、扣腕、拧转和向外侧伸展，接着反拧回收的循环动作，配合步法的进退，完成意拳活步双推手的最初双人试力练习。这个练习，也可作为健身联谊的一种很好的娱乐手段。双推手打轮实在是不好叙述，但由会推手的人带着练习又非常容易，就好像会跳交谊舞的人，带一点儿都不会的人跳舞一样。

（3）双手在上时的控制方法。进行双推手练习，一搭手，如果我们的两只手都处在对方手臂的上方位置时，首先要利用手腕和前臂的屈折，也就是要扬腕来控制对方，肘部要有上撬的意思。然后可以主动或被动地进行攻防过程的不断转换。最主要的基本功还是"摇""旋"，由这个基本功变换而来的"偏""挂"，或推拉互用、或上下结合、或一前一后，总之要在打轮的运动中不断寻找"放"的机会，机会可遇不可求，有了机会一定不要放过。所谓放人，是将对方的身体稍加偏斜，趁其调整重心、立足未稳之机，进行有效地发放。打要远，力要绝，只要是放，就要从意念上把他扔到天上去。在推手时还可以采用以逸待劳的方法，等待对方犯错误，然后进行防守反击。搭在对方身上的两只手要有分工，总以前手为主、后手为辅。

关于全身间架的配备和两臂的活动范围，已在前面多次讲过，这里不再赘述。总之须臾离不开桩法、试力。下面就来分析在此形势下，可能发生的几种情况变化。

关于"脱点"的考虑。有人会提出以上的搭手形式，起不到控制对手的作用，说对方可以随时抽出手来进行攻击。于是就出现了一个所谓的"脱点"的问题。不能否认，在推手的训练中时常能碰到"脱点"的现象，但在不同的情况下，结果会不一样。如果是两个初学者在推手过程中"脱点"，那么两个人重新搭上手继续练习就是了。但是如果发生在两个水平比较高的意拳爱好者身上，出现了"脱点"，则有可能造成不同程度的损伤。为什么呢？在前面单推手的论述中，介绍过指力的概念，无论我们与对手构成怎样的态势，我们要保持"点"上的"指力"始终指向对方身体的中线。再解释一下，这里所说的"指力"往往被误解为手指之"指"，那就不对了。这里所说的"指力"是指向、指示的意思。对方能不能有意或无意地"脱点"，全在于我们的意力所指是在对方的身上，还是在对方的手上。如果是注意力单纯地放在对方的手上，那"脱点"是不可避免的，但如果你的注意力一直在对方身上，推手的目的，就是克服、摆脱对方双手的阻拦，去攻击对方的整体。也就是说立足于打，那么"脱点"的问题一般是不会发生的。"点"上的指力，可用身体上的任何部位去做。如腕部不能指，可用肘指，或用肩指甚至用头去指。于是在与对方的抗衡中，产生一种势能，如同箭在弦上。有一股威胁对方身体的力量，不断变换方向指向他的司令部。比如你想攻击他的头、胸，他在克服这个方向的力量，如果此时他突然撤掉防守，而后抽出手来进击，那么可想而知，我们的手会来不及收住，就会打在他的身上，并且一定会很重。不管你是有意还是无意，结果都会是这样。这种情况下，谁还敢抽手呢？第一他会感到威胁的存在；第二从距离上讲，抽手攻击，在路线上比两点间的直线距离要长。所以保持"指力"是非常重要的推手宗旨。只要有此意识就不会吃"脱点"的亏。实践中总是谁抽手谁吃亏，往往在不是故意的情况下发生伤害事故。一般情况下，我们是用两只手轮换着指，有时候两只手都要指。

主动进攻的手法变换。从推手的原则、原理中得知：在推手的过程中，要做到"推拉互用"，只有推而没有拉，只有虚而没有实，或有实无虚，都很难在实践中达到预期的效果。要求是又去又回、一松一紧、虚虚实实，使对方不可捉摸而导致判断错误，使我借力打力，取得实际效果。与此同时，不要被"推手"二字所局限。推手实际上不是光画圆圈玩儿，而是时时刻刻寻机"放人"。要做到推拉互用，就要真真假假，欲拉先推，欲推先拉，保持周身呈弹簧状态。比如想拉对方，就要先做相反方向的推挤动作，一旦对方用拙力前顶，全身僵直，没有了变化的可能，我们马上就可顺势做下发力，使对手前跌。即使对手没有跌倒也会失去重心。当他重新调整身体位置时，你再改变方向，用正发力"放"他也未尝不可。意拳发力要求一触即发、一发即止，即保持发力的灵活性和持续性。意拳攻击的手段，不限于手掌和拳头，也许是手背腕关节，也许是前臂尺骨侧的立面，也许是前臂骨的平面，也许是肘的横面。总之是赶上哪儿就是哪儿，没有一定的范式。只是不要忘记"出入螺旋式"，不管怎样动作都不能平着出去、平着回来。子弹如果不是旋转着出去，就会不平稳，也不会用力打得远。反正肢体不是做顺时针转，就是按逆时针转。往一个方向拧到一定程度不能再拧了，那不用问，往回来拧就一定很顺利。在推拉的过程中，更须注意步法的配合，攻击动作往往是在进半步、退半步或更小的震荡以及左右微转、上下起落的矛盾状态中，即足以将对方"放"出去。优势与否不在于手臂力的大小。正如拳谚所说："脚踏中门夺敌位，即是神仙也难防。"姚宗勋先生说："功夫不够步子凑。"

被动反击的几种情况。前面讲了双手在上时主动进攻的两种情况，下面举几个例子来分析双手在上时被动反击的情形。

首先，如果对方双手从下往上奔我的胸部推来时，不要用拙力去顶，而要用在上的双手做向两侧分拧的动作，肩撑肘横，使对方指向我中线的力量分向两侧，从而失去其构成的正面威胁。我们随即可以用正面的发力将其放出。

对手从下往上攻击我，我可用摇旋的技巧，用双臂向同一方向做顺时针的拧转，身体做相反方向的移动，这样一可以躲避开对手的攻击锋芒，二可以通过拧转使对手的身体产生力偶，失去平衡。此时的摇旋可能是向左，也可能是向右，也可能是顺步，也可能是拗步，这要看当时的具体局面。摇旋的手型变换也是多种多样，可能是基本间架基础上的摇旋（即双手均为手在上，肘在下的斜面），也可能是一肘吊起，另一手保持原样（即一手肘关节在上，腕关节在下，另一手肘关节在下，腕关节在上）。与此同时，手掌有可能都是手心朝下，也可能都朝上，又有可能一手朝上，另一手朝下。总之，要根据不同的情况随机应变。用摇旋的基本功取胜的要诀，在于身体的整体之动，要用身体去带动手而不是相反。如果只用手去做，那是很难奏效的。再讲一种情况，就是不要怕对方的手进来，有时还要有意识地放他进来。当他的手接触了我的身体时，我非但不怕，反而从上到下再给他加一个裹劲儿，帮助他在我身上按结实了，这样一来其力已没有变化，此时我先向后坐胯，然后利用胯部的反弹力量，做上发力将其放出。这时候对方的手臂只给我们起了支点的作用，丝毫也构不成对我们的威胁。此刻对方会有一种陷空的感觉，很不得力，最终为我所用。实践证明，只有大胆地放进来，感觉对方的体重已经落到自己的身上时，才是施技的最好时机，一定会赢得很漂亮。

以上介绍了双手在上时的一些攻防基本情况。仅仅是给大家一个启发，绝不是局限于这些方法的机械运用。通过实践，大家都深深体会到了站桩和试力的重要性，没有高度的精神集中和过硬的基本功，单凭技巧是发挥不了应有的效能的。技巧只有在纯笃功夫的基础上，才能得到创造性的发挥。

双手在下时的控制方法。有人说，推手时双手在上占便宜，双手在下则吃亏。其实不是这样，形势是相对的，无所谓占便宜，也无所谓吃亏，只不过搭手形式不同而已。下面就来谈谈双手在下时的几种变换形式。

双手在下时的进攻手法变换。在试力中，我们介绍了如下的练习方法：两手手心相对，拇指第一节略屈而上提，食指向前指、小指斜向下指地。设想十个指端各有一个弹簧系于前方，双手缓缓斜向后拉，同时两手手掌的外缘（即小指一侧的掌沿）和腕部向左右两侧拧转，待转到手心向下时，再改为前推。前推时要设想指端的弹簧有阻力，慢慢地将弹簧顶回。当前手推到将要超过前脚的位置时，再向回拉。两手相距二三拳，往返练习。这一试力练习，即为双手在下时的攻防基本手法。两手往外的撑拧是为了破坏对方的平衡，使对方指向我中线的力量发生偏斜。翻转手腕是为了增加向前的螺旋力，使对方捉摸不透。这一手法在实际运用中，有所变化，有时双手同时做旋绕撑拧（看着是撑拧，实际上是开合），有时又突出一边，还可以一手向前，一手向后，左右变换，正斜互参。总之，是松紧虚实多方牵制。要直奔对方的中线去夺取胜利；也要开合并用、推拉结合、推中有拉、拉中有推，在矛盾状态下去促成和寻找发放的良机。

"进头进手须进身，手脚齐到方为真"。双手在下的攻击，仍然离不开整体之动的原则，否则只是舞弄两手，必将一事无成。在推、拉、开、合的转换中，要时刻注意步法和身体的配合。要不断地用头和身体去"凑合"

手，而不应该是用手去凑合身体。基于以上的基本练习，能产生在实践中摸索出多种的变化。正所谓"有一式可变百千式，百千式而归于一式之基也"。

　　双手在下时的被动反击。当对方的双手压在我们的双手上面，企图控制和发起攻击的时候，我们不应该用拙力去向上托顶，而应顺势向内卷臂，使肘关节吊起，形成肘高手低的下斜面，用尺骨的立面与对手接触，用两个接触点的合力挤住对方的双手，这时就会使对手向下压的企图落空。如果对手仍然不放松进攻的话，那么我们就以接触点为轴，再把下卷的前臂翻上来，用手掌或手背指向对方的胸前肩下部位。在这种形势下，双手可能做出多种变化，如单手翻上、双手同时翻上、双手先后翻上、手心向内翻上、手心向外翻上、一手向内翻另一手向外翻等。总之要做到随机随势，得心应手。完成如上的动作时，仍然离不开身体的协调配合和步法的进退。还是那句老话：往往是在进半步与退半步，甚至更小的移动以及左右微转、上下起落中破坏对方的平衡，使之倾跌。

　　从上述动作来看，意拳推手变化是非常灵活的。只要不违反推手的原理、原则，无论怎样做动作都是可以的。关键在于无论采取怎样的形式，都要利用手腕和前臂的曲折变化，封闭住对方的进攻路线，同时又要便于自身攻防的转换。所谓"心里有神，手上有鬼"，手上的变化是不能不研究的。

第八单元
拳法实战

一、训练内容

（一）全面复习

（二）学习意拳实作（散手）

具体练习冲拳、钻拳、圈捶的应用，意拳沙袋的训练法，传统打法"鬼手断"。

（三）学习要点

（1）技击原则：制人而不制于人。　（2）要注重精神力量的培养。

（3）身体反应练习。　　　　　　　（4）全身之法以为法。

（5）攻守合一、守中用中。　　　　（6）夺敌位。

二、功法说明

散手是双方从精神到肢体的直接对抗，训练目的是满足应付实战的真切需要，所以来不得半点虚假和马虎。只要是进入实战的训练状态，就要认真，不能你来我往、虚为招架，好像唱戏一样。1996年日本意拳协会访华，日本学员请意拳老前辈张中先生题词，张先生欣然写下了一个大字——"真"，送给了他们，足以说明练拳最需要的，就是一个"真"字。但是从训练的手段来考虑，又要保证在比较安全的条件下进行训练，于是就严格要求初学者必须穿戴必要的护具。此外，双方在发力的分寸上，也应有所控制，要讲武德、讲互助友爱、共同提高。特别在水平相差较大的情况下，高水平的一方应有所控制以示谦让，不要挫伤了同伴的训练积极性。实际上控制自己，也是一种成熟的表现，是一种自信心增强的体现。尤其重要的一点，是在实战的时候，一定要有老师或者经过散手训练的人在一旁指导监督，绝不可贸然行事。往往出现不该发生的伤害事故，都是在训练者水平悬殊或蛮拼乱打、体力不支、精神不集中的情况下发生的。所有这些，不能不加以足够的重视。如果精神状态不佳，或者身体不适，乃至训练场地、器材条件十分恶劣等，均不得进行实战训练。为了贯彻训练的循序渐进原则，在初学散手的时候，可以采用带有一定条件的实战训练，如不许击头、只许用拳不许用腿等，限制技术的应用范围，待有了一定基础以后，才可以真正地进行自由搏击。训练水平的高低，往往表现在自我控制的能力上，胜不骄，败不馁，而后才有可能获得骄人的成就。一旦有了真正的拳术力量，就要特别注意击打力量的控制。但是不管怎样，即使是用很小的力量，也要体现出应有的速度、灵敏、协调和临战的精神状态。实战中，还要了解人体哪些部位是薄弱环节，一旦被击中或被重击有什么样的结果，以便根据不同的情况，采取不同的打击方式。

人体的下颌、鼻梁、太阳穴、后脑、颈部、腹部、肋间、下体等一旦遭到重击，会造成不同程度的伤害，所以应持谨慎的态度。从事技击训练的人，应该同时掌握人体解剖、人体生理学等有关方面的知识，以及简单的医务常识，这对提高散打的技术和保证正常的训练，有莫大的帮助。在实战中，自始至终要保持自己的间架。经验证明只要间架不散，尽管挨上几拳也无关紧要，同时保持间架的进攻，也会有得心应手的预期效果。意拳之所以坚持以站桩为基础，这就是其中一个很重要的原因。进一步的锻炼，则可以不用死死地抱住间架，在不违背原则、原理的前提下，双手可以尽可能放松自由一些。但无论如何，在进退反侧中，总要有一种很强的意识，指向对方的中线所在。与此同时，避免一切多余的动作，因为多余的动作，不但没有任何用处，白白消耗体力和精力，而且特别容易被对方所利用，这一点在进入实战训练的初期，就应该加以注意。错误的动力定型一旦形成，往往会顽强地再现，从而留下后患。在训练中，要注意时刻调整自己的步法和间架，处在不停顿的运动状态，特别强调头部位置的重要性。至于对待不同对手的不同策略与战术，如高与矮、轻与重、稳与猛、快与慢等，则需要通过训练实践，不断总结摸索，方易有得。纸上谈兵是绝对不行的。

第四部分
进阶索钥

第九单元
桩法进阶

一、丁八步桩

（一）丁八步浑元桩

丁八步浑元桩，是意拳技击的基本间架。出于实战的需要，身体必须侧面对敌，这是所有搏击项目共同遵守的一个原则，尚未发现有正面对敌的拳法。技击桩下肢动作很像部队操练的"稍息"。采用这样的步法，是为了适应随时应付技击之需。这种姿势，便于起动，出击灵活，防守稳固，暴露面积小，有利攻防的实施。平行步桩两手基本平行对称，丁八步桩双手则有了高低、前后的变化。但无论如何变化，总以高不过眉、低不过脐、向外推不逾尺、向怀抱不粘身、左手不往鼻右来、右手不向鼻左去为基本活动范围。在这个范围里，可以变化出许多桩法来。

练功时精神集中，凝神定意，自然直立。全身先伸展挺拔一下，再把全身肌肉放松，要做到似松非松，松而不懈，紧而不僵。眼睛前视，略看高处，远望天际，目光内敛，两手自然下垂，两足跟并齐，脚尖分开如立正。而后将左腿（下述所有的丁八步桩，均以右势为例，即左手左脚在前）顺着脚尖所指的方向迈出一步，步子的大小根据个人情况而定，以前脚能不借后腿的帮助，可以自由起落为准。足跟要虚，脚心若吸，在迈出合适距离的一步以后，左脚再往左横移大约一个脚的宽度。这时两脚位置的形状，既不是丁字步也不是八字步，而是前人所谓"不丁不八"，故名丁八步，亦可称半八步。步子不能过大或过小，适当即可。步子过小影响整体的稳定性，而步子过大也不行，拳家说："步大不灵。"总而言之，步子要站得舒服得劲，便于运动。两足前后的力量分配为前三后七，也就是七成劲儿放在后面的支撑腿上。采取这样后重法的步子，是为了能够随时随地地前进、后退，保持步法的有力与灵活。步子定位以后，逐步调整下列部位：左膝略屈，膝盖髌骨处力微向上提向前指，足趾有扒地之意，同时右胯略向后靠，胯关节处力向后指，与左膝前指之力相争，两个相反方向的力相互争引，此即意拳不传人之秘——争力的含义。比如一个向前，一个向后（或一个向上，一个向下），方向相反，力量相争的矛盾力。下肢动作调整好以后，再来调整上肢：两手徐徐抬起，高与肩齐，手心向内，左手心的位置与左脚心的位置相对，右手心与右乳部相对，上臂和前臂弯曲的角度不可小于直角。左手（前手）位置略高于右手4～5厘米。两手虎口微撑，十指分开，各个指缝间如夹有小棉球。在调整了身体的外形以后，开始注意意念活动，即精神假借，这是技击桩的核心内容。站此桩身体各部位的具体要求如下：

头。头顶好像有线上提，似顶非顶，颈直而微拧，左足在前左拧，反之亦然。

肩。背部自然竖直，两肩松垂，向左右稍稍扩张，腋下若能容球。心窝微收，胸虚背圆，前人所谓"肩如担担"是也。

手。两手距离2～3拳，十指分开，虎口微撑而指尖微敛，掌心内吸，有持物不使坠落之意。掌心内吸，配合手指外张，似有线绳束缚、欲张不得之感。吸吐相互作用，不可偏重。举忌过高，按忌过低，前伸不过足尖，回撤不可粘身。前手虎口与前脚尖垂直相对，眼睛通过前手虎口向前远望，后手与右乳部同高。两手高低相差两拳左右。撑三抱七，抱的成分高，撑的成分低，要通过抱，产生撑的效果。

腿。两腿支撑力前三后七，两腿外缘似有力微向内滚裹，同时两膝似有力向外翻张。注意膝盖与脚尖保持同一方向的指力，不可扭曲。

此外，意拳还设有其他丁八步桩式，如平抱、撑托、抓球、勾挂等，均有特定的训练目的。限于本书以入门为目的，不再赘述。

二、特殊桩

（一）伏虎桩

大步桩站位，右膝（后腿）前屈，关节处像有物支撑，胯后吸，臀部右下坐，也像有物依托。大腿根稍向后收。右腿小腿正面与脚面成50°～60°角，左小腿（前腿）正面与脚面约成130°角。头微向前俯，头顶中心向斜上方似顶非顶。胸窝微收，目视左脚前三四尺的地方。左手提起，放在左膝内侧，距膝部约10厘米，手心向右，指尖向下，虎口圆撑，肘微屈稍上提，腋虚含，右手及肘的位置，大致在右膝前内侧约10厘米处。

姿势站好以后，设想胯下伏卧一虎，练功者前手掐其颈，后手摇按其腰，而虎奋力挣摇，起伏翻腾，势欲跃出。而练功者要全神贯注警其伤噬，制其脱出。但求神意足而已。左右互换练习。

（二）降龙桩

左腿在前、右腿在后成弓箭步，左脚外摆成横脚，身体前俯，胸部向前大腿处压去。头部向左拧转，右手向前上方高举，手心朝前，拇指向下，虎口圆撑，肘部微屈；左手向后下方伸出，手心向后，拇指朝下，虎口圆撑，肘部微屈。眼睛看后手虎口，上手如掐龙头，后手如捋龙尾，两手间保持争力，从头顶到后脚脚跟成一直线。此为左式桩，两面桩法都要练。

此桩主要用于练功和腰部自我牵引，并对实战摔法有所帮助。

（三）独立桩

独立桩又称子午桩，是意拳桩法中难度比较大的一个桩法。全身自然直立，而后将左脚抬起，脚尖外摆，横着伸出，脚心向前方，脚尖朝左，脚跟向右，小腿内侧面向前上方，膝部弯曲，尽量高抬贴近胸部。右腿独立，膝稍弯，上身扭向左方，右肩朝前，面向前方。双手抬起，右手向前（相当于垂向左脚腕处），手指向上，手心向左，肘微屈，呈敬佛手；左手举起，高于头顶，肘稍屈，四指向上，拇指朝后，手心向右。头顶上领，胸窝微收。右脚似生根扎入地内，左脚腕和膝弯处都像夹着东西，脚腕像系着弹簧连在脖颈后面。前后（上下）两手腕处也像有丝线相连，相互牵引有争力。左右互换练习。

第十单元
试力进阶

一、翻饼试力

平行步浑圆桩，两臂似抱一个圆的饼铛，设想饼铛上放着一张烙饼。然后大腿根部做下蹲起立上下颤动，此时要设想通过大腿根步的颤动，把饼铛上的烙饼或正或反地翻一个个儿。须特别注意手臂不应该主动有所动作，而体现的是大腿根部之颤动产生的动力所致。这个练习是充分体现"争力之枢纽在于上下"的意拳发力之重要原则。说通俗一点儿，意拳发力最重要的就是大腿根处之"闹鬼"。也就是说，翻饼练习是练习意拳发力不可或缺的单操手。特别提醒学员，要经常看一看举重运动员提铃至胸的动作过程，没有大腿根部的那一下伸缩，也就是说髋关节保持直立不许有动作的话，那么谁也完成不了提铃至胸。

二、鬼扯钻试力

设想把一条长的绳索盘绕在前面高处的立柱上，然后两只手分别握住绳索的两头，像控制钻头那样来回扯动，一只手往后拉，另一只手则会向前，反之亦然。须特别注意向前的时候一定要送肩，这就是所谓"鬼扯钻"。训练目的就是连击。拳谚云："学会鬼扯钻，天下英雄打一半。"鬼扯钻又名"鬼手断"。

三、风筝试力

大步撑抱桩，设想前手手指连接高空风筝的细线，全神贯注地保持整体均整的状态，唯风力是应，控制风筝的高低升降。要用意念体会细微的连线变化，若有其事，以形取意，以意象形，意自形生，形随意转。要像王景愚小品《吃鸡》那样，叫人看上去真有那么回事似的。同样需要用整个身体去支配手指，体会微妙之意趣。至于前手的高低正反则任意而为。

四、鸟难腾试力

平行步，两手抬起至脐部高度，手心向上，两手好像各托着一只小鸟，鸟在起飞的时候，要靠两只小腿儿蹬地。我们要用手心的松紧控制，不让鸟儿获得起飞的动力。开始练一只手，然后是两只手。也许是一只鸟儿要飞，又有可能两只一起飞，还有可能两只换着飞。总之，想得越复杂，训练的难度也越大。"鸟难腾"练习，还可以想象成手指上拴着一条不太结实的细线，线上拴着一只小鸟，我们要用恰当的力量，控制小鸟的飞行，既不能伤害它，又不能让它飞掉。进一步练习，想象力丰富一些，如10只手指各拴一只鸟儿，那会怎么样？你能照顾得过来吗？

五、综合试力

当我们的试力训练有了非常好的基础以后，特别是"摇""旋"和"神龟出水"都很熟练自如了，那就不妨试一试，把这两个秘不传人的技术糅合在一起。采取平行步推托桩的姿势，先做摇旋，再慢慢地把神龟出水的动作加进去。这个练习就是非常复杂和难以掌握的了。此时身体既有上下的起伏，又有左右的晃动，身体绕脊柱转圈，前后的移位，重心不断地转移等。如果能练到这种水平，就十分不错了。前文说过，意拳练习要循序渐进，不可揠苗助长。学术没有捷径，只有勤学苦练才是真理。

六、活步试力

定步试力有了基础以后，就要结合步法进行行进间的活步试力训练。意拳的步法称为摩擦步（在前面有过专门论述）。步法原则要求是"上动下自随、下动上自领"。在前后、左右的进退中，仍需保持身体重心的平衡和整体的协调，目的是在不同的情况下迎敌。从定位试力到活步试力，中间有一个很好的诱导练习，那就是将定位的摇与旋过渡到移动步伐，或前进或后退，大胆地在行进中去做摇和旋。当然，动作要慢，手的位置相对固定，活动幅度很小，主要是身体在行进间配合步伐做练习。此练习不去考虑何时迈步，何时出手，放心去做，很快就会自然进入协调阶段。此练习可以放在学会了摩擦步后进行。这里举个例子，具体介绍一下活步试力的练法：采用勾挂桩试力的形式，开始站立不动，双手呈前推状，待至后拉时，后腿提起，缓缓移到前腿足腕关节内侧并步，此时双手已后拉到掌心将要转到向下的时候。后脚向前伸出，手心转成向下开始往前推。此时原来在后面的手和脚，由于转体的带动，已逐渐换到前面。手移动的速度略慢于脚，待前脚脚尖沾地时，前手的位置在脚尖后面4～5厘米。全脚落实后，手也推到相当于垂直于脚尖的位置。此时，双手变为向后拉，后步前移，开始往前走第二步。前行若干步后，开始练习退步试力：如左步在前时，手后拉，左脚亦随之后退，退到右脚足关节内侧时并步，手也拧转成向下而欲前推。待左脚后退到落地时，由于转体的带动右手已转换成前手，这时右手位置在相当于前脚尖后面4～5厘米处，再退右步。这样进行连续地练习。活步试力要注意，无论进退，两眼要始终对着一个目标，把这个目标当成你实战中的对手。初练活步试力，进退可以有规律，比如前行若干步，后退若干步。动作要缓慢，力量要缠绵，要从"徐徐""缓缓""微微"中去体会认识活步试力的妙境。传统的叫法，把活步试力叫作"陆地行舟"，就是设想脚下穿上轮鞋，用手拉或推，借助物体使身体前进或后退的意思。还可以想象推下坡车和在坡上拉车后退时的那股劲儿是什么感觉，这对掌握和提高活步试力，都会有很大的帮助。活步试力练到动作配合协调自如之后，就可以随心所欲，打破顺序，想进就进，想退就退。进一步训练，可以换用其他试力的形式，配合摩擦步练习行进间的试力。熟练后，又可以随着变换试力的各种方式，参差错综，随意而为，乱踩乱点皆成步法，不要有意安排。因为技击不可能是事先安排好了再实行较量的。

整个的试力训练，要以缠绵的力量为主，参以悠扬，偶有顿挫，动作要慢，但有时也要有意识地用快一些的动作练。总起来说，无论动作大小、快慢，都要有阻力感，即求得四面八方平衡均整的拳术力量。阻力感的大小与功夫的增长成正比。

七、试声

试声是一种特殊的试力，也是意拳独特的练功方法。试声练习的目的是为了弥补试力、发力之细微不足。意拳在训练发力的时候（发力，在后面章节有专门论述），原则上要结合试声。试声要求做到声力并发，意到力到声到。虽然本意不在威吓，而闻之者，莫不起猝然惊恐之感。初习试声可以求有声，逐渐过渡到无声。此即先辈所云之："声由内转功夫。"试声的具体练习方法如下：

在发力的一瞬间，内部呼吸猛然往下一沉，压缩横膈膜，使腹腔突然膨胀，好像一块大石头落入深井中一样，一下子把水溅起很高。要求小腹突然一震，一震就完。这是一个松紧的高速转换的过程。试声有固定的发声，不是武打片里没完没了的"嘿！嘿！"那样，也没有五字诀、八字法那么玄虚。意拳试声只有两个字，一个是"咦"，一个是"哟"。开始练习时求有声：先喊"咦"字，拉长音儿持续五六秒钟，再喊"哟"字。喊"哟"字的时候，要猛然收住。进一步练习，逐渐缩短两个音中间的间隔时间。最后"咦、哟"以拼音形式组成短促有力的声音。到试声的成功阶段，则要求从有声逐渐过渡到无声，不把"哟"字喊出来，而是收回去。在练习中，可以用手掌挡在嘴的前面，要求在发声的时候，没有空气更没有唾沫星子喷在手上的感觉。试声练习用笔墨不好形容，需要弄清楚试声的目的和道理，然后注意听练功有素的人发声，特别是练功者在试声时的神态，慢慢自己揣摩，逐渐掌握好试声方法。试声是在有了发力训练的良好基础以后，才能开始练习的，如果你连发力都做不好，或者说根本不会发力，那么练习试声就是一句笑话。没练好发力，即使是歌唱家也发不出那种令人震撼的声音来。人们的声音有千差万别，几乎没有同样的声音，可是试声发出来的声音却几乎是一样的。这是一种非常神奇的现象。意拳宗师王芗斋在形容试声时说："试声如幽谷之声，其声如黄钟大吕之本。"学者可从中得到有益的启示。

第十一单元
步法进阶

意拳实战中的基本步法，就是基本功摩擦步的变通步法。意拳采取的是两面攻击的战斗技术，这也是中国武术的传统特色。这与拳击训练有所区别。拳击手不是左势（右手右脚在前）便是右势，偶尔有两面打拳的，则视其为不可多得的奇才。而意拳则无所谓左右势，就是初练意拳散手的人，也都是两面攻防的。因为从站桩开始一直到实战，都是在全面练习的基础上进行的，所以他们分不出究竟是哪一边的打法。这是意拳训练的特点之一。在摩擦步一章中，已经阐述了步法训练的重要性，这里不再赘述。经常参加实战的拳家，都懂得技击中最大的难点，在于距离感的培养，除了经常练习没有更好的办法。步法不仅能维持自身的平衡，而且还是在进退反侧的转换中，随时调整与对手的距离的重要手段。那么什么样的距离才是合适的呢？譬如后退，这一步要退到对方出拳刚刚够不着的地方，或者是即便够着也成了强弩之末，这样的距离将会有助于我们的反击。如果退得过多，就成了逃跑。虽然对方没打着，但也失去了反击的时机，白白地消耗体力。譬如前进，不管前面经过了怎么样的周旋，都要掌握好距离，尤其是最后一步打击发力时的距离，要能做到"手足齐到"，便于发力。拳谚："脚踏中门夺敌位，即是神仙也难防。"什么是中门呢？中门就是指对手两脚间的空当。所谓夺敌位，有几种含义：如进夺敌位，就是以步法的调整，去占据对手原先所处的位置；如果是退夺敌位，就是把自己原先的位置让给对手，自己则迂回调整，再杀个回马枪，让对手在自己原先的位置上挨打。意拳的步法是以走动式为主，不是以跳跃式为主。意拳认为跳跃式的优点是步法灵活，缺点是向前跳跃时，易为对手所乘，尤易被腿踢中。再者从体力消耗来看，跳跃式较走动式消耗大，不利于保存体力与对手做较长时间的周旋。特别重要的一方面，还在于意拳的走步与发力有直接的关系，所谓"拳到步到"。

下面介绍几种意拳在实战中常见的步法，供爱好者参考。

一、环绕步

首先要提出一点，不管采取什么样的步法，都要保持基本的间架，保持周身的平衡均整和舒适得力，以便给随机随势发力创造条件。环绕步是在双方对峙时，为了寻找对方的空隙和进攻的机会，围绕对手做连续的斜前方向的进步。以左脚在前、向左环绕为例：前脚抬起向前、向内扣半步，后脚蹬地，脚下顺时针旋转，使原先与对手形成的侧面相持，变为以斜击正。如果对方也相应调整了位置，距离不合适，就保持住间架，再做环绕。向右的环绕则应右脚在前，前脚抬起向前、向内扣半步，后脚蹬地，脚下逆时针旋转，其他要求同左势。无论什么样的意拳步法，最重要的一点是，脚步落地的同时，也是出拳出掌发力的最好时机。这时能最大限度地利用身体的整力。

二、半步

意拳师祖郭云深"半步崩拳打天下"。意拳发展到今天，半步打法仍占有重要的地位。所谓半步即前脚往前迈半步，后脚紧跟上半步，或者后脚后退半步，前脚也跟着退半步。但是半步最实质的是在进退半步之间的矛盾状态。往往是在进退半步之间，取得"半步崩拳"的实施。半步拳最常见的形式是：后脚向后退半步，前脚跟着退半步，当后脚刚要落地时，好像踩着钉子一样，马上蹬起来往回走，前脚也回到原来的位置上，整个动作要连贯，一气呵成。配合拳法的收缩与伸展，就是"半步拳"。半步，是实战中最为常见的应用步法。"察来势之机会，度己身之短长"，是调整距离最为可靠的一种步法技艺。

三、前后转换步

由于意拳是两面攻击的技术，所以应该通过步法的移动，来实现左右势的变化。当你走摩擦步的时候，不要忘记总是要经过两脚并拢的阶段，这两脚并拢的阶段就是前步与后步相互转换的关键。做这种步法练习，开始的时候固定一只脚作为支撑脚，然后用另外一只运动着的脚从前撤到支撑脚旁边，再稍点地，就后撤落地变为后腿。接着还是这条腿按原路返回，经过两脚并拢的阶段再往前伸，仍然回到开始练习时的样子。两条腿轮换练习。待动作熟练以后，就无所谓哪条腿是支撑腿、哪条腿是运动腿了，反正进退都由运动脚经过支撑腿并拢阶段，而后向前或向后出脚变左、右势。

四、横走竖撞

在应敌时，横向的移动非常重要。为了避开对方的正面攻击，最好的办法是做横向的移动。因为前后的进退，只是单一的直线运动。如对方正面打来，我方向后直退，不仅距离不好掌握，还会遭到对方的连续打击，并且不利于还击。而横向的移动，只要把他的锋芒避过去一点就行了。与此同时，对方将处于进退维谷的状态，因为我们向横的方向移动身体，就形成了侧身攻击，便于发力的良好态势，使他觉得，我的拳头就堵在了他的面前，他几乎是撞上来的。这就是横向移动的优点。进击也是一样，我们先向横的方向移动步法，沿对方的身体外侧形成半圆的包围形势。由于我们向横移位，必定引起对方也做相应的调整，这样我先他后，我主动他被动，一旦距离、机会合适，就可以采取向前的步法进行有效的攻击。具体的做法，以左脚在前为例，如果是前进追击，那就先动后脚向右横移半步，重心倒于体右侧，左脚抬起，经右脚踝关节内侧向前滑出。如果是后退，则右脚向斜后移半步（或不到半步），左脚抬起回收，可能还没收回来，就又回去了，同时右脚蹬地出拳或掌，完成反击的发力。

五、后转步

后转步是为了应付从后面来的攻击。在保持间架的基础上，以左脚在前为例，以两个前脚掌为轴向右转体，变成右脚在前的丁八步桩，即完成后转步的工作。右脚在前时，则需要向左转体完成后转步。

六、三角步

三角步是意拳技击两面攻击的最基本步法。三角步的形成是以某一脚为轴，另一脚经过并步阶段前冲后撤，改变左右势基本间架，由于移动脚步的过程，形成一个以重心支撑腿为支点的三角形，故名三角步。三角步的特点是移动灵活，活动范围广，打法多变，令人捉摸不透，所以三角步是一种实用优秀步法。具体走法如下：如以右脚为轴，从右势

（左手左脚在前）间架开始，重心移向后脚，前脚由地面摩擦收回到右脚内侧成并步，然后开始向左后侧方滑动，随着重心由右脚向左脚过渡，左脚向左后侧方落地的同时，上体相应地由右势变为左势（右手右脚在前）。此时如果需要向前进步换势，则把重心再移向右脚（前脚），左脚由左后侧拉向右脚成并步，然后再向左前侧方滑出即恢复成右势。依此类推。以左脚为轴亦然。值得注意的是，两脚并拢的阶段要简短，并有向前或向后两可的矛盾状态，使对手茫然不知所从。对整个三角步的变换熟练以后，应该像滑冰一样地娴熟潇洒。由于支撑脚的不断变换，可以在场地上构成无数个三角形。三角步的应用为进、退、左、右、顺、拗均可发拳的全面攻击技术提供了必备的保证。如此，前拳、后拳、进步、退步、纵横高低、指上打下、声东击西的灵活战术，就有了技术保障的前提。三角步学习起来有一定的困难，要继续加强走步试力的基本功训练。就好像冰球运动员忘记了怎么滑冰，进退反侧自动化以后，才能谈到打冰球之实际运用。三角步的多变路线和不定势打法，无疑会在实战中带来极大地方便和帮助。

七、米字跳

设想地上写一个大的米字，或者想象地上有一个大的钟表。练功者站在米字或钟表中心，然后轻轻起跳，两脚沿十字或斜叉分腿跳跃。用钟表的图形来说就是，12点，6点。2点，8点；4点，10点；3点，9点。数字为指针所指的时刻。如两脚从中心立正开始，或从10点，4点开始，恢复到中心再跳到2点，8点。如此反复即可。米字跳既是增强体能的方法，又是符合意拳技击的特点而进行的独特步法训练。因为意拳是两面打法，因此需要这样的特殊单操。可以预言，将来中国式拳击，必将采用我国特色的两面打法。世界拳联主席乔杜里称，未来中国拳手肯定会称霸拳坛。他就是看到了中华武术所蕴藏的丰富技艺。至于每次练习多少时间、多少次则没有规定，视训练计划而定。如为了应对比赛，不妨跳3分钟间歇1分钟，如是者三，正合比赛规定。在米字跳熟练的基础上，姚宗勋先生在先农坛给我们讲了最后一种跳步，权称"乾坤大转移"。具体练习，就是从左势的大步，一下子做大幅度的换步，变为右势的大步。也就是从10点，4点变为2点，8点。姚先生告诉我们，这种步法不会经常使用，但不能不练。我本人有幸在中山公园水榭，看到了恩师用此种步法扭转乾坤的精彩一幕。那一天有一个身高一米九十几的孔武有力的大汉与姚先生推手，那个人一下子把姚先生肘部托起，使姚先生双脚离地被甩在半空。当时所有人都捏了一把汗。姚先生身体虽在空中，但是间架不变，仍很好地保持技击战斗状态，当对方想把老师甩倒的时候，令人想不到的事情奇妙地发生了。就在老师双脚将落地之时，突然由左步底盘换为右步状态，也就是乾坤大扭转。就在姚先生双脚落地的同时，对方像被甩出去一样跌倒在地，在场的人，一片惊呼。这就是"乾坤大转移"。

以上介绍了几种常用的步法，至于垫步、前后分步情况不多，就不一一介绍了。任何步法都要注意膝关节应保持似屈非伸，既不可完全伸直，也不可过度弯曲。至于前进步（前步进、后步跟）、后退步（后步退，前步随）、垫步（前步进，后步迅速跟半步，脚掌一落地，前脚同时向前冲去）、前后分步（两脚分别向前、向后同时移动，迅速降低身体重心），以及各个方向的步法移动，如背转步等，都不出摩擦步范畴。有意学习者宜举一反三，兹不赘述。总之，步法要轻灵，"举步似猫轻"，实际不求美观，最后能达到"乱踩乱点皆成步法"，则妙不可言。据前辈相传，形意拳大师郭云深先生的步法简而不华，表面上看不出灵活，但他利用本身的功力和优异的距离感，用半步崩拳打遍天下。有的人认为摩擦步太简单枯燥，殊不知实用的东西，偏偏就是这么简单。外形表现简单，而内在蕴藏着变化莫测的无限精奥。许多实战拳法的步法在表面看来都很简单，如泰国拳的传统步法基本功"三宫步"

就是这样，与意拳"三角步"有异曲同工之妙。芗斋老人关于步法有过这样的论述："有定位者，步也；无定位者，亦步也。如前足进，后足随，前后自有定位。以前步做后步，以后步做前步，更以前步做后之前步，以后步做前之后步，前后自无定位矣。"

第十二单元
发力进阶

一、发力的专项训练

基础的发力有许多技术细节，过去被视为不传之秘。如果不能体会掌握，无论如何勤学苦练，发力技术总是差点儿意思，甚至是徒具其表。下面介绍若干与发力相关的单操手，有助于学员深化对发力的认识：

（一）涮筒子

行站坐卧姿势不限。设想自己的前臂好像一只空筒子，装上半下子水，然后，意念中想象利用前臂的内部转动，或正或反要用里面的水涮一整圈儿筒壁。这样的练习所培养的是非常重要的螺旋力。平常我们做的是肢体外部的转动，准确地说只是滚动，不能产生技击所需要的由内动产生的螺旋力。我们不妨两种方法都试一试，看一看它们有哪些区别，哪一种方法更好些。

（二）崴桩

崴桩是卜恩富师伯亲授，为中国式摔跤基本功。卜先生说这个练习对技击实战会有很大帮助。平行步，膝关节保持一定弯曲，双手膝前呈交叉状。开始以前脚掌为轴，双脚脚后跟同时向一个方向拧转，两手同步做左右之争力，此时头部应反方向拧转，即所谓变脸。转脚与变脸是中国式摔跤必备之基本功。凡是能有效提高拳法技术的任何门类优秀练功方法意拳均可借用。

（三）横肘旋踵

平行步，浑圆桩起，身体下降，膝弯曲，双脚脚跟同时外撑，左脚左撑，右脚右撑。当往起弹的时候，在恢复浑圆桩的过程中，双脚自然同时恢复原位，不用特别注意。两肘配合以上动作做双向横肘，也是一横即回。这个动作非常有意思，也比较难掌握，但一旦掌握了这个动作，对肢体的上下相连和整体用力会有极大的帮助。横肘旋踵与崴桩有异曲同工、相辅相成之妙。

（四）猴扇风

坐、立均可。用手背向同侧脑后扇风，好像敬军礼敬歪了。可以单手轮流做，也可以双手同时做。这个练习有助于对正发力的掌握，和湿手甩沙一个含义。

（五）天王伞

这个练习需要两个人配合训练。陪练者双手抓住练功者的正面腰带。

第四章　进阶索钥

练功者双手握住对方的前臂，往自己的腹部摁压，同时收腹挺腹，利用反弹的力量将对方身体支撑向上移动，就好像撑开一把雨伞一样，所以称为天王伞。这也是练习发力的辅助练习。

（六）霸王敬酒

丁八步技击桩浑圆桩形式，两手小指、无名指、中指微触掌心，拇指与食指呈鸟难腾持杯状。后腿膝胯关节似屈非直，前脚脚趾扒地，利用膝胯之屈伸，带动手臂做前后顺时针转动，前手攻击对方口鼻部位，即为霸王敬酒。这个动作就是翻饼和天王伞之结合。注意膝胯与小腹的伸缩配合。

（七）恨天无把，恨地无环

平行步桩，两手高举似握两环，膝胯似屈非直。用意不用力，似乎要把天拉下来，即恨天无把。双手呈托抱形式似握两环，欲把地拉起来，膝胯不应伸直，即为恨地无环。这个练习培养力整，克服腰部的松懈，促进肢体的通联。

（八）绕单鞭

平行步，一手高举过头，手心向内，另一只手与前手手心相对，沿前手划大圆，正反均可。

要点：注意前手位置不动，后手肩部要充分活动开。

（九）甩沙

意念用湿手沾干沙子，然后手形由鸟难飞开始由内向外翻手，张开全部手掌向上甩动，利用最后的制动力把沙子甩出去。甩沙练习是正发力的最佳辅助练习。

（十）拧托

扶按桩起始，右手向外拧转，同时向左上方托举，然后在右手内转恢复原位的同时，左手也开始做同样的拧托动作。这个动作的要点是注意拧托手的送肩与转肩，攻击的目标是对方的下颌。

（十一）鹤舞

立正开始，左臂前伸，右臂横展，与左臂呈直角。在抬臂的同时，右膝提起，右脚外摆，脚心横向朝前，然后恢复原位。接下来右臂前伸，左臂横展，左脚外摆，脚心向前。往返练习，仿佛鹤舞。

二、活步发力练习

活步发力练习，要在摩擦步和定步试力、活步试力、定步发力的基础上进行。定步发力在外形动作上要比活步发力小得多。活步发力是摩擦步与定步发力的结合。练习活步发力在开始的时候，也要采用试力的形式去缓慢、匀速地模仿技术要领，待熟练之后才能随心所欲放开去做。发力是变速，是刹车，一触即发，一发即止。

活步发力与活步试力一样，最关键的运动技巧是要保持两手的相对稳定，步法要主动，要用步子去带动两手完成活步发力的动作。活步发力的基本功练习是活步甩沙：浑元桩站好，以右势为例，左手左脚在前。设想用两只湿手沾满沙子，然后运用正发力的技术，往前上方甩，利用最后制动的力量，把湿手上的沙子都甩掉。动作完成以后，两手恢复成浑元桩基本姿势，后腿往上与前脚并齐，再向前上一步成左势，即右手右脚在前，此时两手被动地被带成右手在前、左手在后的姿势。依然去做扬手甩沙的动作。要做到手足齐到，即右脚落地的同时，两手也完成了甩沙的动作。如此做下去，就是进步的活步发力练习。退步的发力，仍以右势为例，左手左脚在前的浑元桩基本姿势，此时前脚即左脚，往回收到与右脚并齐，然后再向左后方退步，成左势浑元桩，即右手右脚在前，与左脚落地的同时，双手也完成了扬手甩沙的技术训练。同样要求手足齐到，这就是退步的发力基本功训练。开始练习活步发力的时候，要慢、要缓、要匀速。进一步训练则要求变换动作的节奏，随心所欲自由进退，以接近实战的需要。这个基本功熟练以后，可随意采用任何的发力形式，进行活步的发力练习，最后就可以打乱顺序，结合假想敌进行"打鬼"训练。我们在对摩擦步的介绍中，谈到意拳的步法练习是灵活自如的，没有固定的顺序。其目的是时刻调整敌我双方的距离"察来势之机会，度己身之短长"，以利于攻防技术的实施。往往成败之机就在于进半步或退半步之间。练习活步发力就是在这个原则上进行的。首先要在行进中注意保持力的平衡与均整，自身要不偏不倚，时刻判断敌我双方的距离，保持已接未触之时的适度松紧。

第十三单元
实战进阶

一、拳法进阶

（一）环绕步一步一拳

技击间架，前脚往前迈出一小步，落地时前脚掌稍内扣，与此同时做炮拳攻击。要求前脚落地的同时，炮拳攻击到位，所谓"手脚齐到法为真"。左手在前，行进路线构成顺时针的一个圆；右手在前，则是一个逆时针的圆。每一步前脚的内扣使运动的轨迹成一个圆环，也就是环绕步。

（二）半步拳

大步桩底盘，前手扶在墙或树上，后脚横向移动半步，前脚同时相应移动半步，然后马上恢复原位。也就是说进退半步要连贯。在恢复原位的同时，前手要有攻击的意识。半步拳的要领是前手一定要保持原位，不能随退步而撤手。还有，半步只能是横向的半步，直退直进很容易失去重心,绝不可取。前手不动是说不能有前后的移动,但是垂直线上的上下移动是非常必要的,上击头,下击腹。前手或拳或掌,要有意识地指向对方的口鼻部位。半步拳在技击实践中堪称妙技。

(三) 一步三拳

保持技击间架,以左拳在前为例,迈左脚打第一炮拳,然后头部主动转向左手寻求保护,转体转脚,出后手拳也就是右拳,接下来头部再恢复到右拳后面出左拳,动作要求一气呵成,即完成一步三拳。注意,凡是连击出拳,应该注重节奏,总是最后一拳是重拳。所谓节奏就是像唱歌一样,不能始终是一个高度的音。

二、腿法攻击

除拳法外,意拳在实战技击中有掌法、肘法、膝法、腿法,以及头打、肩打、胯打。限于本书为入门教材,仅介绍其中的腿法,以飨读者。

意拳使用腿法比较谨慎。尽管腿功有一定的实效,但是不得不对"抬腿半边空"的弊病加以考虑。腿法也离不开"形屈力直"的原则及螺旋、斜面、曲折的利用。抬脚不宜过高,一般以不超过对方的脐部为准,腘窝不可伸直,也要"形不破体、力不出尖"。意拳的腿法顺乎自然,抬腿好像是踢,但踢不着也不失重,刚好是下一步的落脚点,有点捎带手的意思,脚一落地又是一项发力的开始。所以腿法也有攻守合一的问题。

(一) 脚跺弹簧试力

这是腿法的一项基本功训练。具体方法是:上体保持战斗间架。以左脚在前为例，脚尖外摆，用拇指与脚跟形成的横面往下踩一个意念中的弹簧，同时膝关节、髋关节也要有相应的起伏升降。体会弹簧的松紧程度，用意不用力。这样练过以后，可以再把前脚内扣，用小趾与脚后跟形成的横面踩弹簧，要求同上。这个练习熟练以后，可以这么一下、那么一下地交换练习。意拳没有高起高落的腿脚攻击。意拳脚部的攻击，是横过脚来，蹬踏对方的膝部以下。这和足球运动中红牌罚下的动作一样，会造成严重的伤害。这种蹬踏的攻击方法还有一个好处，就是踩不到不要紧，脚落下正好恢复战斗间架，以利继续攻防。

（二）意拳常用踢法

1. 正面攻击的点脚

在走摩擦步的过程中，后脚经前脚的踝关节内侧向前伸出，此时如果距离合适，可用运动着的前脚脚尖踢对方的踝关节下面或小腿的正面（俗称迎面骨），其作用之力是短促有力的刹车力，好像鸡啄米、蛇取食的样子，一点即回，不管踢着没有，回来准备下一个动作。踢与打应该是相辅相成的有机组合。由于两腿的支撑是控制身体平衡的主要手段，所以只有在保持平衡不偏不倚的情况下，才能起脚，至于踢得到与踢不到，则是次要的，即所谓"不在对方中不中，而在己身正与不正"。正面点踢的步法形式基本上以拗步为主，即踢右腿，身体向右拧转，左肩朝前，身体呈拧着的状态，两臂始终保持间架，以便没踢着时前脚一落地，拳掌就能跟着到。

2. 横跺脚

脚踩弹簧就是横跺脚的基本练习。在技击周旋中，或进或退，时刻注意步法的调整，一旦距离不合适，就可以把非支撑腿的膝盖提起，同时脚尖外摆，脚内侧朝前，如果是主动进攻，则为起腿攻，用后胯催前腿发力；如果是被动状态，则为截迎击。一般说来，意拳采用退步或原地截腿的形式，使用横跺脚多一些。要注意起腿的高度不能超过对方的肚脐，否则不易控制平衡。起腿的动力来自支撑腿的蹬地和后胯的催送。首先攻击的方向是横着脚向前踢，好像足球运动员的脚内侧传球，一旦碰到对方的身体，如小腹、大腿、小腿等部位，特别是碰到小腿前面，就立即顺势向下滑踩发力，注意身体纵轴的上下争力。这个动作就是足球场上会吃到红牌的严重犯规动作。这种危险的蹬踏，由于目的不同，足球的犯规动作在这里就是杀伤力很强的进攻手段了。同前一腿法一样，不管踩到没有，这一脚下去正好落在原先准备落的那个位置，以便继续攻击。横跺脚一般也用拗步踢法，即踢右腿向右转体，左肩右腿向右转体，左肩左手在前，这样没踢到人的脚一落地，就可以出右手的后手拳重击对方。这种练习也可以是脚外侧朝前、脚尖内扣的横跺脚，此时为顺步踢，即踢右腿，向左转体、右手右肩在前呈准备状态。

顺便介绍一下防对方踢小腿的方法：当对方踢我的小腿时，我顺势收小腿，脚后跟往自己臀部的方向回收，身体稍前倾，此时我的小腿成了一个反斜面，而突出了膝盖往前顶的力量，这个力量不可小觑，往往会给对手造成一定的伤害。这即是意拳的膝发力。

总之，意拳的腿法是建立在步法进退的基础上的。退中有截，进不出尖，即不可伸出过长而减弱力度，从而失去控制被人利用。要想在腿法上得心应手，除了加强步法训练外，大多求助于独立桩。此外，将现代搏击中腿功的优秀技术拿来为我所用，未尝不可。

三、反应训练

在实战中，反应灵敏是制胜的关键，意拳有一系列专门的针对性训练。

（一）摩颈

站、坐均可，用自己的下颏自左至右，或自右至左在颈下摩擦滑动，即为摩颈。拳谚云："喉头永不抛，会遍天下众英豪。"

（二）毛巾甩睛

用一条干净的小毛巾，慢慢地往自己的眼睛上抽动。目的就是克服临战闭眼睛的毛病，这样做安全有效。此外轮睛也是必要的眼睛功法。

（三）点戳胸腹

意拳没有拍打功，也不练油锤贯顶、铁尺排裆，对所有的气功之说及铁布衫、金钟罩等嗤之以鼻。意拳训练抗击打的方法是，用五指点戳胸腹两肋，开始用力较小，逐渐加大力度。被击打部位，产生本能的收缩反弹泄力，从而形成对打击力度的减弱。这个道理就像垒球运动员在接球的瞬间要向后缩让那样。如果谁直接去迎接垒球的话，其后果不言自明。

（四）激灵颤

这是一个非常重要的意拳单操训练。这个练习没有任何准备姿势，行站坐卧均可。利用一切音响、图像的突然刺激，比如在看电视连续剧武打战斗或拳击格斗场面时，要把自己摆到场面中去。不管是枪击还是拳打脚踢，都要保持精神和身体的应时反应。其具体动作没有限制，好像动物抖搂身上的水那样一抖搂即可。拳谚"花钱难买激灵颤"，就是这个含义。在经常性的练习以后，会发现全身起鸡皮疙瘩。还有当你在似睡非睡之际，突然梦到危险袭来此时你会不由自主地整个身体从床上弹起来，那个劲道就是激灵颤。

（五）打鬼

意拳所谓"打鬼"就是拳击运动所说之空击。练功者通过意念想象与看不见的对手进行战斗。根据不同的情况，采用适当的攻击手段进行攻防模拟训练。

第五部分
拳路钩沉

拳路钩沉

——忆随恩师姚宗勋先生学拳

2015年3月14日,是芗老二女王玉芳先生逝世3周年纪念。意拳(大成拳)界在京的数百人,在朝阳金米兰酒店举办了规模宏大的纪念活动。诸多师伯、师叔的后辈传人和北京市武术界其他拳种的同道与会,场面非常热烈,令人感到意拳如今队伍的雄伟庞大,能从与会诸多名家不同的表达方式中,感受到人们对意拳事业未来发展的期待。当然也能读出,大家对当下呈现的某种下滑趋势,充满了担忧与彷徨。

眼前意拳团结一致,憧憬明天的氛围,也让我激动万分。30年前,恩师姚宗勋先生临终遗嘱:"你们谁也没有达到意拳的最高境界,我走了以后,你们一定要往一起'凑'。"好一个"凑"字了得,它既是要求后人展现团结一致、齐心协力的兴盛局面,又有把每个人的心得体会无私奉献的具体希冀。现在同门中,见到过芗老、姚师及第二代意拳传人的人屈指可数。我有不可推卸的历史责任,把我所知道的一切,说出来,供后人明鉴。

1. 几句开场白

近两年,我因拙体欠安,淡出江湖。天不亡我,恩师泉下护佑,我又弃疾崛起。年逾古稀,与意拳结缘半个多世纪,我最得意的是武林同道给了我一个"意拳儒将"的称号。有人说这个称号含有一点贬义，就是说所谓儒将就是不能打。不管这些，反正本人听了很受用。至于能打不能打，某幸不辱门，是非自有公论。

重出江湖以后，我最想办的一件事，就是把自己一直想要说的话说个痛快，不然的话，总有如鲠在喉憋屈难受的自我折磨。

近来常常忆起恩师驾鹤西行那一天，叫白金甲师兄唤我到他的病榻前说有要事相嘱，我从单位火速赶到老师面前。老师对承光师弟说："我走后拳里的事先叫你薄大哥张罗，你尽快熟悉接班。家里所有的资料都交给薄大哥去整理。"恩师交代承光师弟过后，两眼圆睁溘然辞世。我肩负千斤重担感恩悲痛，心中许下庄重承诺，要用我毕生的精力完成恩师的遗愿，把他老人家未竟之事业继承发展。我非常庄重地用我的双手帮恩师合上双眼，然后和承光师弟一起给老师擦洗身体，刮胡子，换衣服。所有这一切恍如昨日，历历在目。

在敖石鹏师伯、张中师叔和承光、承荣师弟的举荐之下，我继任北京意拳研究会第二任会长。近十年光景，我在位直到意拳申遗成功，圆满离职。承光师弟日渐成熟，接班一直到现在，把研究会搞得风生水起，有声有色。现在想起这些，我决定用我追随恩师学拳的经历，以及姚宗勋先生的先进科学的教学理念，写下一篇类似拳学回忆录的文章，目的就是在自娱自乐、自嘲自慰的同时，把恩师的卓越教学方法和我本人学拳的粗浅收获，无私奉献给所有从事意拳并立志发扬光大意拳的同道友人。我已年逾古稀，无所顾忌，想走自己的路，说自己的话，剩下的，谁爱说什么就说什么吧。区区此心，知我罪我，笑骂由人。本着忠诚信义，不欺人、不欺天、不欺心的为人宗旨，写下如下拙文，恳请天下群英、正人君子，扶正批评。

2. 初见姚宗勋

1960年我赴学京城之际，带着三姑王玉白（芗老三女）的推荐信，到姚舅府上（注：从王玉白那儿论，我要叫姚师为舅）拜师学艺。姚先生当时对我提出3点要求。第一，今后不能称呼姚舅，要叫老师。第二，大成拳是指你师爷，我不够大成，以后我的学生都要叫意拳。第三，我只能教你拳学的三分之一，你要举一返三才能跟我学拳。这是老师第一次对我的教诲，我铭记在心，一辈子不会也不敢忘记。关于举一返三，我请教金甲师兄是什么含义。大哥说就好像老师告诉你这个地方叫桌子角，你就应该想到一个桌子有四个角，你要再问那个地方叫什么，老师就不会回答你了，你也不配跟老师学意拳。从此白大哥就成了我的半师半友。每当我有话不敢问老师的时候，白大哥都会掰开揉碎、非常详尽地给我解答。在这里我给白大哥深施一礼，谢谢（恩师帐下桃李满门，我最敬重的是白金甲白大哥。白大哥从人品到拳学我等均望尘莫及。打个比方，白大哥已是博士后，而我们还在啃中学课本。遗憾的是，白大哥阳春白雪曲高和寡，隐居林下不问江湖久矣）！

开始学拳是在中山公园水榭，老师教我练站桩。每到星期天，我都会一大早从体院赶到中山公园练拳。一上午最少也要站两个小时的桩。老师最多给我摆摆间架，很少说话。有时直到练功结束老师要离开的时候，才会有人提醒老师还有一个学生在那里站桩呢。老师才会转过头来说："家骢回学校吧。"说老实话，那时候我对站桩没有一点儿体会和认识，幸亏我在天津体校有少林十三式的站桩体能，才会靠傻站桩通过了老师对我的考验。

3. 意拳机密的起步

老师真正教我站桩是从"扽绳"开始的。我给大家钩玄的意拳机密也从这里起步。所谓机密其实没什么了不起。二战时期某国的玻璃行业非常卓越，做出来的玻璃不起泡，于是许多国家花重金去买这个工业机密，结果买来了一个词两个字"搅拌"。您说所谓机密就是这么简单，但是他不说你就不知道。"扽绳"也就是这样的机密。"扽绳"的机密在于两手好像抓住一个横杠保持手不动，然后用两手拉动身体，此时头部向前、颈部向后，体会拉不动扽不动的劲头儿。此时大动不如小动，小动不如不动，不动之动乃生生不已之动。通过"扽绳"的意念培养全身的统一整力。我在中山公园见到过王斌奎师叔的"扽绳",他老人家做的动作看上去很有力量。从练"扽绳",我知道练站桩不是不动的傻站,要在不同的训练时期,在看似不动的状态下,加上不同的意念活动,也就是各种基本功。比如"摇旋""神龟出水""放风筝""饴糖试力""分水试力""扶按试力""正甩手""半步""掸手""蛇缠手""内外分手""十字手""翻饼""天王伞""搬缸""猴爬杆""激灵颤""闹鬼""鬼扯钻""涮筒子""猴扇风""变脸""二指钩眉""霸王敬酒"等(有关这些功法的详细论述,在拙著《意拳——大成拳探秘》一书中都可找到,也可以通过网上查到《中华武术展现工程》薄家骢意拳有关影像及说明)。到了提高的训练阶段,站桩的时候还要不断地把这些基本功分别组合逐步加强意念活动。总之,站桩绝对不是傻站一动不动。"傻站"那叫什么意拳?

学会逐渐把已经学过的基本功糅进站桩中去,那基本功就没白练,站桩也会越来越有味道。当然光站桩起码可以养生,可以增加功力,但对提高拳术技击则毫无意义。

恩师在我经过一段"扽绳"训练以后,开始给我讲六面力、相对用力,讲争力从站桩时候的手型介入。任何拳术都讲究手型,意拳也不例外。以扶按桩为例,两手的食指和中指上翘,与手心形成上下争力,拇指与小指形成左右争力,食指和中指与其他手指形成前后争力,这样六面争力就都有了。从今往后所有的站桩、试力都要保持手上的六面力,这样做下去,所谓的"高频震颤"就会不期而至啦。

所谓相对用力,是意拳训练中不可或缺的重要理念。以分水试力为例,手往前拨,身体往后来,手往后划,身体往前移动,这就是师爷王芗斋所说"试力如同在空气中游泳"。当年在中山公园有人问过这类的问题,老师问我:"家骢,你在水中时是这样吗?"我说当然是。这正是老师所倡导的传统武术与现代体育相结合的意拳哲学理念,我本人就是游泳运动员,用游泳理论解释分水试力再合适不过了。老师教我从基本功"摇旋"中体会身体与手的相对运动,"摇旋"时手不能动,要用身体带动手去"摇"去"旋"。摇是身体和手的平面相对运动,旋是身体大幅度的圆周相对运动。"摇旋",是意拳训练最重要的基本功,每天都少不了这一个,练多少都不算多。因为越到后面的试力、发力直到技击应用都离不开它。相对运动在学习意拳的全过程中具有非常重要的意义,特别是在练到发力的时候。比如肩发力,发右肩,整个右臂要往左悠过去,膝发力,脚后跟要往臀部打去,如此而已。

"缩即发"的原则是很多练意拳的人经常忽略的重要之处,他们经常是一厢情愿地径直前往。希望这些朋友多看一看举重运动员的提铃至胸和挺举动作的完成。举重运动员提铃至胸的动作,正是意拳练功中的重要一个要点"闹鬼"。所谓"闹鬼",就是大腿根部的那一个鼓秋,也就是缩伸的连续完成。提铃至胸把杠铃换成一个平底锅,想象要把平底锅中的大饼靠大腿根部的伸缩前翻一个面,后翻一个面,那就是"翻饼试力"。

4. 千万别再傻站桩啦

看一看相对运动在现代体育中的重要作用,通过前面的一大段话,真心奉劝同道的朋友们,千万别再没完没了地傻站桩啦。站桩是意拳的灵魂不假,但要始终认为只要站好桩,意拳就没问题啦,那就大错特错了。站桩自始至终都是意念的勤奋,只有站桩加入了应该加入的意念活动,那才是意拳正轨。站桩既是意拳基本功和体能的储备手段,又是在某阶段一个动作要领的强化训练。你可以想一想从这个桩到那个桩是怎样的技击应用,弄懂这些那就缺什么补什么吧。举个例子:从基本桩浑圆桩开始,经过扶按桩一直到推托桩二指钩眉,不正是正发力的全过程吗?平常所说,这人身上有东西,那人身上没东西,就是指能不能在他的身上看到应有的基本功含量。只有这样的站桩才会在不久的将来达到"有形有意都是假,意到无心始见奇"的崇高境界。按照现代体育的解释,"意到无心始见奇"确实没什么了不起。我作为游泳运动员,在水里泡了一辈子,现在我睡着后,你把我的手脚都捆上扔到水里,我也不会淹死。只要我浑身一扭动就会浮出水面,不用什么蝶、仰、蛙、自等标准姿势,这不就是意到无心始见奇吗？水球运动员只有忘记了游泳，才能打水球。冰球运动员，只有在不用考虑怎么滑冰、怎么捯脚的情况下才能去打冰球。这些事情都可以称为"艺到无心始见奇"。站桩在外形不动的情况下，贯彻了若干的基本功，这才是站桩的最高境界，才会有一触即发的"激灵颤"。也就是在这样站桩的基础上，站桩有了许多基本功的内容以后，才可能用"三尺以外，七尺以内，有如大刀阔斧之巨敌及毒蛇猛兽蜿蜒而来"的意念，以求不假思索，达到浑身难买激灵颤的至高技击境界。就是说，只有你本身具有熟练达到忘我程度的"功夫"或者说物质本钱的时候，实现"意到无心始见奇"才不是妄想。拿您开车来说，开始学车的时候您要知道哪儿是离合，哪儿是油门儿，哪儿是刹车，哪儿是档把儿。但到了您成为一个熟练的司机的时候，您开车脑子里还有这些吗？技术到了"艺到无心始见奇"的程度，才算会了一门手艺，或者叫功夫。

5. 最重要的基本功"神龟出水"

老师教我"摇旋"以后，开始教我意拳最重要的基本功"神龟出水"。"神龟出水"最应该注意的要点，就是身子耍手，手动只是在原高度随着身体的起伏，在这个练习中，要特别注意意拳的手型。与此同时，应注意身体的平面移动，不要做过多的转体动作，在这里要充分体会芗老所说"一动是横"，肩撑肘横，力贯掌心。在熟练了一段"神龟出水"以后，就要慢慢把"摇旋"加到练习中去，这个练习需要特别注意不可马虎，还不要忘记意拳的手型。这种练习对今后的练功具有举一反三的作用。下一步的练习就是所谓的"放风筝"。"放风筝"就是这个练习加上动步的放风筝意念。好像演小品一样，意念中想象食指拴上放风筝的细线，另一头高处连着风筝，要用意念时刻控制风筝的起伏升降，越细越好，体会那种用摇旋和神龟出水控制风筝的妙处。练过意拳的人们仔细想想，所有的试力是不是都有"神龟出水"，和"摇旋"的味道。这个练习不妨可以当作健舞来体味一番，既有拳功又有自我消遣的自娱味道。放风筝是检验这一阶段练功水平的一把标尺，同时也给今后的练功方式做出了一个典范，也就是不断地在站桩的时候糅进各种基本功。再说一遍，千万不要傻站桩，要不断地丰富站桩的基本功内容。站桩是不动的试力，试力是动起来的站桩。争力有3个主要的争力，一是上下争力，所谓"争力之枢纽在于上下"；二是前手与颈后的争力；三是两手之间的争力。所有的试力都要从定位练到活步，从顺步练到拗步，才达到有了应付技击的需求。意拳训练独具特色，往往弄懂了一个拳法要点，稍动一点儿脑筋，一带就会解决一大片技术需求。比如，"一动是横"，随便练一种试力，得到了身体横向移动求得的妙处（克服转体太多的不足之处），就会在所有的试力中去推广，甚至连3种拳法的练法都解决了。再举一个例子，"意拳在十字中求生活"，在练功中，充分体会"身似弓弩拳似弹"的发力原理，做下发力，不能想着两手往下压，正确的练法是在两手下压的同时，要考虑到两肘横向撞击的妙处。上下的动作想着左右的用力，这不就是所谓的十字中求生活吗？弄懂了十字原理，那"争力之枢纽在于上下"，大腿根部的"闹鬼"，不就不难理解了吗？所有意拳的发力都离不开大腿根部的那一个"激灵"，那一个"鼓秋"。

6. 推手的基本训练

接下来老师在教学中增加了推手的基本训练。首先就是学"蛇缠手""背手桩"。这两个练习是训练推手的必备基本功。"蛇缠手"是打轮的动作再现，"背手桩"是当对方双手往下压的时候最好的下斜坡应对法。要特别注意背手前臂的双手挤压。推手已经接触技击训练了，并且是非常重要的技击手段。这就是芗老所说："打人你着什么急。"那意思即是说把人捆上再打不是更省事吗？准备练推手就要继续学习"钩挂试力""饴糖试力""扶按试力"等与推手有关系的试力，通过各种试力了解在不同的态势下应该采用哪一种试力方法。如双手在下在里应该用"钩挂试力"，双手在上宜用"扶按试力"，两手一上一下需用"偏挂试力"等。练推手特别要有条件推手阶段，也就是互相做陪练当架子，一上来就互相较劲，容易养成本力推手的习惯，于踏踏实实地进步有碍。在推手练习中最易忽略的一点，就是总是想把人拉过来或者把人推出去。其实最好的想法是舍己从人，就是把自己看得很弱小，把自己拉过去或者把自己推开来。这样做就会发现原来和对方接近是非常容易的事情。技击讲，打人如亲吻。你和对方已经那么近啦，要推要打还不是囊中取物吗？把自己拉过去的技巧要靠前臂在对方的前臂上做"刮毛"的动作，而不应该做切割的动作。推手还要注意点前要紧，点后要松。所谓"点"，就是双方两手互搭的接触部位。"点前紧"就是说斥候（即侦察兵）或者叫尖刀班部位要反应敏感；"点后松"就是大部队要随时处于寻找大反攻的状态中。提起老师教我推手，我在这里还要特别感谢我的金甲师兄，因为每次练习推手都是老师教、白大哥辅导甚至给我搭架子。说起推手的水平，我非常佩服金甲兄。白大哥和我推手就跟耍小孩子一样，每次我被推出去的半道上，他还能够一把把我扶住拉回来。反正我和白大哥推手都很好玩儿，同时也受益匪浅。

意拳推手讲究"守中用中"。所谓"中"，就是身体的中线，也就是重心所在。推手双方前臂接触的"点"非常重要，在任何时候我们都要通过这个"点"来完成"守中用中"。我们在练推手的时候最忌讳"脱点"，那样容易形成一定的伤害。有一次一位台湾的武术教师带了由数十人组成的武术代表团访问北京意拳界，市武协安排王玉芳师姑负责接待，王师姑叫我和崔瑞彬师弟同往。那次武协出面的领导是王小平女士，对方带队的是一位资深的老者。应老者的要求，我和瑞彬演示了活步试力、发拳，得到了大家的一致好评。带队老者深情地说："仿佛又看到了当年姚先生的风采。"最后老者提出要双方一起"摸摸劲儿"，二姑说："那就推推手吧。"当时对方出面的是那位台湾的武术老师。二姑考虑瑞彬善战手重，于是看了看我说："家骢你来吧。"我和对方一搭手，发现对方不懂推手，搭手之中，他突然抽手。就因为我点上始终保持着指力，所以他一脱点，我的手就打到了他的面部。这位先生还真不含糊，一下子就变了散手，抽出去的手变拳击向我的腹部。当时我出于本能，浑身一个激灵，就连续打了他几下，顿时血就从他的脸上流了下来。说实在的，当时我就有了应对群殴的打算，我以为他的弟子们会一起上来打我。我眼角里也看到瑞彬在做战斗的准备。不曾想人们把我们拉开的时候，却都上来和我合影留念。体委领导王小平当时怕把事情搞僵，和我说："薄教练，这事怎么办？"我说："没关系，总比他把我伤啦，您面子上要好看些。"晚上国家体委领导（老者领队的挚友）出面大家在一起吃了一顿饭，事情也就烟消雾散了。事情过后，二姑专门在她家里给我摆了一桌酒宴，说是给我压惊。

在这里我说起这事儿，意思就是提醒大家推手的时候千万不要"脱点"。推手是补断手之不足，在某种意义上说它比断手更重要。你和人家比武切磋，能通过断手占上风，不一定是高手，而那些能控制你使你无所适从的人才称得上大家风范。

7. 异曲同工——姚师与芗老不同的说法

发力是意拳训练最后的课程。芗老在授拳的时候要求相当严格，不管动作要领多难，都要求学生一下子就掌握，所以曲高和寡，令人望洋兴叹。很多人说芗老的书是天书，根本看不懂。比如"力量一有方向便是错误""手一动就是错误"，诸如此类的言辞，在芗老的著述中不乏其例。姚宗勋老师运用现代教学方法，综合分解，循序渐进，因材施教，把原有的传统训练变得简化易懂，更便于操作，这是姚先生对意拳教学功德无量的巨大贡献。比如站桩摸索浑元力即六面力，芗老要求六面力一下子都要有，否则就是局部。姚宗勋老师把这种训练分为先摸上下，再摸左右，再摸前后，一点点凑起来，然后逐渐打乱顺序全有全没有，达到综合分解，有异曲同工之妙。再如芗老要求"周身无点不弹簧"，姚老师解释为"把整个身体当作一个大弹簧"，这样一来初学者确实就便于理解，好练多了。芗老在讲意拳发力时是没有方向的"爆炸力"，姚宗勋老师在教授发力的时候，采取分解法，设计了正发力、下发力、上下发力、侧发力等，到最后才把这些发力方法统一在站桩、试力之中，这样无疑就便于学习者由浅入深，逐渐掌握整体的发力。芗老的著述中有"骨缩筋伸"的说法，一般初学意拳的人很难理解，骨怎么缩？姚宗勋老师用现代体育理论解说就是：筋肉要伸张，关节处要收敛。老拳谱说："不招不架只是一下。"姚老师说："他打他的，你打你的。"综上所述，姚师运用现代体育用语，来重新叙述传统武术的博大精深，是对中华武术的巨大贡献。

恩师教我发力从正发力开始，正发力从"翻饼""甩手"练起。"翻饼"是突出大腿根的"闹鬼"，"甩手"是完成正发力的基本手的发力路线。"翻饼"前面已经讲过，"甩手"应该注意动作的来回。就是当你往上甩的时候，不要整个手指全往上去，五个手指要有分工，可以想只用中指往上甩，而其他手指不跟随，这样做的结果是感觉手往上刚甩到位置，就会有一股力量往回下来，这正是来回劲儿的妙处。在完成甩手的同时身体前倾，头往下砸，两手好像在做半个俯卧撑刹车，如此体会正发力的"缩即发"。

学会正发力以后练习下发力。下发力适用于双手在对方身上的发力。平常管这个发力叫"扒着墙头看戏"，两手下压，手腕扬起保持手型，头颈则应上挺。

第三个发力是以上两个发力的结合，一手甩手，另一手"扒墙头"。

第四个发力是侧发力。侧发力是横向的发力，以丁八步桩开始，全身自然直立，两手抬起约与肩平，手心向内，中指相对，虎口微撑，指尖微敛如抓球状。两手腕处微屈，若能夹物。手微高于前臂稍有斜度，在向左（右）发力的时候，意力首先要向发力方向相反的一面引导，欲左先右，欲右先左，与练习书法用笔的方法相似。以向左发力为例，先往右靠，好像靠在一个大弹簧上，一下子被弹向左方，此时加上"变脸"，左臂向外拧转猛烈撞击。

意拳的发力要求身体的任何部位都能随时随地应感而发。要求周身无点不弹簧，即全身像一个大弹簧，碰到哪儿都有弹性。具体说，头、手、肩、足、肘、膝、胯等部位都能发力。前面讲了有代表性的正面、后面以及侧面的发力，其他部位就不一一介绍了。总的发力原则要以争力为基础，弄懂了这个重要的道理，什么部位的发力都会水到渠成。

8. 我的拳击教练梦黄啦——姚氏意拳不是拳击

意拳教学的最后课程就是断手，也就是散手。意拳断手有基本的3种拳法，即崩拳、栽锤、钻拳。崩拳我在帮老师写书的时候，我给它起了个新名字叫"不直的直拳"。老师同意了。意拳和拳击的拳法意识不同。意拳是打间架的考虑，不管你保持什么间架，我出拳就奔你的间架而去，崩拳的意思就是用我的间架撞击你的间架。具体来说就是用我的两个前臂，往上崩开你的两个前臂。这样的结果无非只有两个，一是对方的间架太软，一下子就撞垮了，所谓的防守也就没有了意义。二是对方的间架过硬，那么我们就可以通过撞击他的间架，直接把他整个撞出去。意拳拳法无论怎样出拳，都不能离开"形屈力直"的原则。即使向前的直击，也不能完全把胳膊伸直。过度的伸直极易造成手指和肘关节的损伤，而且易为人所利用。出不出过直的拳，是意拳与拳击的分水岭。出崩拳要设想两只前臂好像是两个空的水筒，在这两个空筒子中，装半下子水，然后同时把这两个半筒子水边涮边出崩拳。这样去做，你会觉得很来劲儿。出崩拳的时候还有一句口诀，叫"前手打人后手发力"，也就是说两手之间要产生一种争力，好像通过把两手之间的一根皮条猛然扯断，然后把前拳崩出去。"栽拳"是意拳的最重要的杀伤性武器。我本人在所有的角技、切磋乃至游泳场治安抓流氓等的角技使用中，都非常得意。最感到自豪的是我独闯拳击队，在一个大的考场，交上了一份满意的答卷。30年前拳击运动在我国复兴，于福山同志在西单体育场组建了拳击训练，我每次都以学员的身份去参加训练。我对于教练说我是体院王守忻老师的学生，练过业余拳击训练，现在到您这里重新学习一下。我和所有学员一样站在队中练习。第一次于教练叫一个姓乔的右手在前的左势拳手和我练实战。打完以后小乔说："您到底是左势还是右势，我怎么摸不着您。"于教练说："小乔，这位教练的拳头很重，没怎么反击。"我说："快50啦，哪里还有力气。"后来每一次训练，于教练都给我找一个队员和我实战，真给我提供了大量的训练实战的机会。值得铭记的一次实战是在一次集训中，许多拳击宿将到场，张立德、王国钧、王守忻、费志诚等。于教练跟我商量，问我和王国钧老师打一场条件实战怎么样？我说那太荣幸啦，能和全国冠军学习太高兴啦。我和王老师打到兴高采烈的时候，王守忻老师高声叫好。大声喊："薄家骢，快和拳击队说说姚先生是怎么教你打拳的！"张立德先生叫我不要管他叫老师，说早年他要给姚先生磕头拜师错过机会了。我说："张老师，您是体院教授，我是体院学生，您什么时候都是我的老师。"从那一次的经历，我真正感到姚老师的伟大。在很长的一段时间里，我和张立德先生都有过亲密接触。杨绍庚师叔和他是老朋友，我们经常和林则钰校长一起吃饭聊拳。我也一直把张先生当作我的老师。后来，市体委叫我组建北京拳击队，我跑教育局调于福山，等把他调来后，体委领导找我谈话，问我拳击是和谁学的，我说是和姚宗勋先生学的。体委领导说："薄家骢，就怕你说跟姚宗勋学的拳击，你是体院学生，为什么不说老师是王守忻呢？"我回答："我确实是跟姚宗勋先生学的拳。"体委领导说："都反映你的技术不正规，我们不好办。"后来我的拳击教练梦这事就黄啦，但我至今不悔。

  姚宗勋先生永远是我的恩师。栽锤不同于拳击的往下打击的拳法。向下打的下勾拳，拳击技术里已经废弃不用，而意拳的栽拳却因打法的妙用得到非常的地位。栽拳晚抬肘是重要的实战要求，栽拳是在想要把对方的防守间架砸垮的意识下，由上往下打击的拳法。应特别注意的是，要用自己前臂的立面去砸对方的前臂骨平面。发拳要靠身体的左右移动，头部要向防护手后面倒去。"栽拳"要用的基本功练习叫"搬缸"。所谓"搬缸"，就是在平行步站桩的形式下，两手好像抱着一个很大的缸，要用半边身体往前蹭。意拳是攻防合一的打法。拳击虽然动作较快，但它攻是攻，防是防，经常是后手先做拍击的防守动作，然后再出攻击拳。

  最后一种拳法是钻拳。钻拳和拳击的钻拳差不多，但不受拳击规则的限制，不考虑得分的事情，拳峰没打到继续向上打，腕部和肘都可以打击。打过啦，顺便往下砸就更凶猛了。

9."断手"记忆

在我们那个时候，老师带着能练到断手的人很有限。当时练断手的有白金甲白大哥、许汝海、赵续泉、崔友成等，训练地点经常在鼓楼后杨德懋师叔家、安福胡同韩嗣煌师叔家、东城姚海川师叔家。提起姚海川姚师叔，至今难忘的是他老人家练功用过的超长超重的大杆子和有一米五六长，一拃多宽的宝剑。实作有时在后海崔有成师弟家。那时我身高1.8米，体重80公斤，而汝海、续泉年龄已经很大了，只能陪我们玩玩，经常是白大哥带着我们练。我和白大哥练实作，感到不过瘾，因为总感到白大哥有意让着我，不能尽兴。回忆起来，还是和友成练实作过瘾。每一次两个人都打得鼻青脸肿，互有胜负。在以后的所有意拳界朋友聚会的时候，崔师弟总是说："在座的各位除了薄大哥，有一个是一个，咱们起来比划比划。"给了我极大的面子。

老师教我们实作，开始是练对拳，就是两个人都用一种拳法，互相攻击对方的后手（防护手）。这个练习看起来很简单，实际上每一次两人都要见点血。还有大量的对练，是模拟实战，就是两个人互相当作假想敌，在双方肢体不相接触的情况下进行思维意识上的角斗，这就是所谓的"抢步"练习。在这种练习中，吃亏占便宜都很清楚，有意思极了。练到这个时候，就要好好复习一下意拳的步法练习啦。什么"旋绕步""交叉步""米字步"，最重要的当然是半步，所谓"半步崩拳打遍天下"。实战中最注重"横冲竖（直）撞"，所谓半步就是摇旋和神龟出水的动步结合。半步是左右的移动，不是前后的半步，最重要的要点就是前手不能动，在动步的时候不能带动手前后移动，只可以在一条垂线上上下移动，上指头，下指腹。在没有对手的情况下进行这样的练习，就是所谓的"健舞"。"健舞"，在拳击运动训练中就是"空击"，意拳把这个练习叫作"打鬼"。所谓打鬼就是说，我们要和假想中的对手进行意念中的战斗。"健舞"就是没有套路的意拳，是能够进行武艺表演的极佳形式，也能看出一个人意拳的应用水平。我所看过的"健舞"，当然是我恩师的演练，再有就是那一次我和王松师弟春节给赵道新师伯拜年时，老人家一高兴，即兴打的一套没有套路的"心会掌"，舒展飘逸，如临仙境。

有时恩师会亲自戴上拳套，教我们练断手，我们都不敢练。老师说："我知道你们怕打到我，放心，你们还没有那个能力，要是能打到我，我高兴，传统上那叫'谢师锤'。"每次和老师练，我们的拳头都是刚刚从老师的耳边擦过，但我们的脸总会感到直接往老师的拳头上撞。但我们挨了打从来没流过血，老师控制力量大小的能力不由得我们不佩服。

10. 我的师兄王选杰

既然是回忆录，就不能不提到一个重要的人物，那就是王选杰。按照武术界的老传统，不按年龄，只看拜师之前后，序为长幼。我只有两位师兄，一位是白金甲，一位就是王选杰。王师兄后来不知因何事和老师龃龉反目另起门户。在我拜师的时候，选杰还在姚师帐下，新街口半壁街15号是我常去的地方。选杰对意拳（大成拳）的宣传与发展，做出了他应有的贡献。意拳研究会筹备成立的时候，市武协从团结的愿望出发，和姚先生商量，请王选杰一起参加，姚先生说他没有意见，并指名推荐叫我去找选杰。老师说："家骢和他交往多，办事也稳妥，行不行的也不会把事情弄得不可收拾。叫他去吧。"于是市武协就责成我去和王选杰商量关于成立意拳研究会的事宜。我在西城区房管所找到了他，那天是他值夜班，身体不是太好，有点感冒，8点多了还没起床。寒暄过后我说明来意，选杰似乎积怨太深，不能接受市武协的建议，我嘴也笨没能说服他，这趟任务就算没有完成。选杰中午请我在西四吃了一碗卤煮火烧，尽地主之谊，算是我们两人的私交。后来选杰写了一封长信给市武协说明原委，祝意拳研究会在姚先生的领导下，蓬勃发展。

选杰还有个意拳启蒙师，是李永宗李二爷。在一次意拳聚会上我见到了李永宗先生的弟子许福同，是个很有风度的书画家，他和选杰是师兄弟也是好朋友，我们哥儿俩意气相投，大有相见恨晚之意。

我初识选杰，还有一段趣事。我第一次到半壁街选杰家里拜访。选杰说他江湖人称"铁胳膊王老","别看你是体院学生,我抽你一指头,你都受不了"。我很不服气,说我不至于这么赖吧。结果选杰真的给了我前臂一指头,把我的胳膊打青啦。我服气啦!当我和老师说起这件事的时候。老师一笑说:"傻小子,我给你比划比划。"他老人家用慢动作先用拳根碰到需要打击的部位,然后再用手指顺便在那个地方滑一下。问我明白了吗。我恍然大悟,很生气。我找到选杰说:"你不够意思,不然戴上拳套打我一顿吧。"选杰一笑,说:"小孩子不禁逗,跟你闹着玩儿呢。我不戴拳套打人,那是洋揣子不是大成拳。不戴拳套怕把你打坏了。"反正我说不过他,这事也就嘻嘻哈哈的不了了之了。

选杰的口才我十分佩服。一次我问他:"哪里有大成拳十八法之说?"他说:"我没跟你们说吧,你着什么急。你们倒好,咱们学点儿东西容易吗,你们便宜都给卖了。"总之,动嘴皮子我怎么都不是个儿。

我还和一个在意拳界颇有争议的人物常志朗是朋友。不管别人怎么说,他住家在天坛北里,我在陶然亭游泳场当场长。他经常找我去游泳,办深水证,也在一起切磋意拳。他常讲:作拳要把身子"悠"起来耍手,可谓是经验之谈。常志朗的动作有芗老的影子,对拳学的认识也很深刻。与他的交往,对我的帮助很大。

11. 斗胆请命帮老师写书

我更加系统地和老师学习意拳,是在先农坛体育科研所,我开始帮老师写书的时候。因为我写书需要全部的意拳技术,所以凡是我没有完全掌握的拳学要领,都可以在这样的情况下向老师问个明白。最可惜的是,没等书出版,我老师就驾鹤西行了。当遇到我认为不能向广大读者畅开揭秘的时候,老师说:"所谓货卖与识家,比如地下有一块金砖,不懂的人用脚踢开以为是土坷垃,真正能认为是个东西的人,就算有缘。除此之外看了也白看,听了也白听。"听老师这么说,我的顾虑才打消。回忆我替恩师执笔成书的全过程,无限感慨油然而生。在此之前,有人给姚先生写过书稿,老师都不满意,最后老师才叫我试试。我斗胆在恩师面前请命,获恩师首肯。说老实话，我当时并没有多少写书的把握，我手中没有任何文字资料可供参考佐证。是我的老伴儿给了我很大的鼓励。她说："你一个体院学生，又跟姚老师学过意拳那么多年，我都知道姚先生的主张，传统武术与现代体育相结合，那你不敢写还有谁敢写？"在她的支持和鼓励下，我下定决心应下这个历史赋予我的神圣使命。

那时我家住六部口，同事友人经常在我家聊天到很晚才起身告别，几乎每天都是在晚十一二点的时候，当教师的老伴儿只能此时才开始备课，我也就开始动笔写书稿，每天几乎都是在下半夜睡觉。现在都不敢想那近四十万字的《意拳——中国实战拳学》是通过怎样的脑力和体力的付出，才完成的。

书稿写成以后，老师让我在文字上这么说：老师口述，我执笔。当时我说就写上您就行了，老师说："傻孩子，书里要有不足的地方，你得替我兜着。"于是我只好按照老师的意愿，写老师口述我执笔。为了捧护两个师弟，我主张写姚承光、姚承荣参补。在我保留的书稿中，有老师的批语："书中大部为意拳的原则原理，小部分为执笔者的引申发挥。"这句恩师的评语，对我的付出给予了巨大的肯定，让我很受鼓舞。

12. 姚师的科学性和融会贯通

印象中，我问老师最重要的问题是试声。老师说试声没那么神秘，就是两个字："咦"和"哟"。声音往回收，撞击横膈膜，用手挡住口鼻，没有感觉有气流喷出就对了。在问"试声"的时候，我想起师爷和老师洗浴的时候，我看到老师和师爷小肚子上都有一个半拉馒头一样的包包，我认为就是他们二位老人家练试声的结果。也就是所谓"小腹应长圆"。我曾经问过金甲师兄："师父跟师爷是不是练过气功？"金甲说："你千万别跟老师说气功。"中华人民共和国刚建立时，国家体委请姚先生出面主持领导气功组织，说每个月给老师90元工资。老师回复体委说我不懂什么是气功。如果是养生健身意拳就没问题，如果说能发功，能隔空打人，我愿意一试。最后老师谢绝了体委的邀请。以他老人家的刚正不阿，维护了意拳的科学性。我在上海有一个师伯叫尤彭熙，说他能隔空放人。一次在老师家中来了一个尤师伯的徒弟，老师叫我和他推手，我当时还不会推手，我说："老师，我不会，叫白大哥推吧。"老师说："你不用推，听我的，吓唬他就行。"我没法子，只好听老师的。结果我一出声，他就蹦高，好玩儿极了。后来我问老师怎么回事，老师说："他叫他老师吓出毛病来啦。"

在先农坛，我听老师在办公室讲课，承光、瑞斌他们在窗外训练，侯郅华先生有时录音，留下了很多的宝贵资料。老师当年那几声试力，直到如今我仿佛还能从月空中听到回音。意拳是融会贯通的拳法，任何中外拳法、训练法都可尽取精华为我所用。老师在先农坛的训练中，为了应付散打比赛，给承光、大崔、刘普雷、武小南、高长友等的训练增加了跑步、跳绳等体能训练。老师不让我参加实战训练，经常叫我给几个小师弟举手靶。打沙袋是按照中华武术传统的练功方法特别是意拳的独特思维进行的。意拳打沙袋大部分的时间不许用力。一次古巴拳击教练来华讲学，说到打沙袋不用力的练法，所有听课的教练都大为惊讶，好像得到了重要的秘密，看来中国在拳学练功方面并不比外国差。先农坛训练也打手靶，打吊球，也戴护具，那是姚先生在当年芗老战胜英国拳击手英格以后，奉师命研究西洋拳法之后的借鉴。

在我们学拳的那个时代，老师给我们推荐的一本必读的书籍，是以前苏联出版的体育传记《少年初登拳击台》，目的是要理解优秀拳手所必经的自修及培养心理素质的途径。可见姚先生在意拳断手训练中，充分借鉴了拳击训练的合理内核，这也是意拳的一种体现。

综上所述，姚先生并没有把意拳变成拳击，而是在意拳训练中，引进了拳击运动的合理内核。对此问题的误解不足为先生累也。姚老师在先农坛体育科研所期间，曾经问一位年轻的举重运动员每天训练多少时间？运动员说一天最多练三个单元，六七个小时，快累死啦。老师说："这还不够，你应该连做梦都在练习，才能出好成绩。""行站坐卧不离这个"，其实这就是所谓的"拳拳服膺"。古今中外不管练什么，不断进步的消息就是"觉今是而昨非",都是这么个理儿。

意拳训练特别重在心理素质的培养。我的老师经常以讲故事的方法,向学习者潜移默化灌输心理训练的内容和培养精神力量。他经常讲的一个经典故事是:早年间日本有一个练习剑术的武士,自打出师以后遍访名师切磋剑道,每战必北,最后丧失信心羞愧难当,百无聊赖欲求一死。他想到既然练一辈子剑也没尝过甜头,临死找一个高手,死在他的剑下,也算不白来一世,还能在死前看一看高手怎样出剑。抱着这个主意,他找到了当时在日本最有名气的剑道大师提出比剑。比武那天,惊动了全国各地的剑道高手前来观战。比武开始双方持剑对峙,间不容发,相持片刻,剑道高手掷剑认负,全场哗然,那位武士更是不明就里,如坠五里雾中。剑道大师在听完来者的叙述以后,才知道对方是来送死的。大师讲:"我之所以认输是因为你'全神贯注,无懈可击'。"这个故事言简意赅,发人深省,所有经过姚师教导的学员对这个故事都耳熟能详记忆犹新。任何对抗竞赛能保持住平常心态,哪有不胜之理!

姚先生身边有大量的中外各种搏击书刊资料,特别是有许多现代体育理论、生理解剖、运动医学、运动心理学等书籍,这在我国老一辈的武术家中实属凤毛麟角不可多得。难怪武协领导在访问姚先生时,姚先生能口若悬河,把传统武术与现代体育的关系阐述得淋漓尽致。在体委科研所进行的集训期间,姚师更像一个运动队的指导教练,而不仅仅是一个传统的武术教师。

13. 永远的怀念,壮哉,吾师!

我几十年追随恩师杖履,有幸见到了大部分的意拳第二代传人。师叔、师伯们的豪杰风采不时在我的脑海中闪现,他们春兰秋菊各为一时之秀。记忆中,我先后拜见过赵道新、张恩桐、卜恩富、韩星垣、敖石鹏、周子岩、王道庄、裘稚和、李文涛、王玉祥等师伯,还有张中、窦世明、于永年、王斌魁、韩嗣煌、杨德懋、李见宇、孙闻青、赵华舫、朱尧庭、何镜平、何镜宇、刘介平、陈海庭、姚海川、杨绍庚等师叔,我还有两个师姑——王玉芳，王玉白。在我和这些师叔、叔伯、师姑的交往中，不同程度地得到了他（她）们的拳学指教。在这里，请接受我崇高的敬意，他（她）们和我的恩师都是我至亲的挚友。王玉祥师伯著文称"宗勋为吾朋辈之祭酒"，还有不少的同辈师兄弟称姚先生为意拳"亚圣"。我们第三代、第四代的意拳传人，就要学习他老人家对中华拳学锲而不舍的求索精神，学习他老人家对拳学的科学性与实践性的忠实恪守，学习他老人家刚正不阿的崇高品德，学习他老人家教学严谨、诲人不倦的为师之道，学习他老人家待人接物诚恳热情、坚持真理爱憎分明的真挚与透明。壮哉！吾师。

　　拳路钩沉，拉拉杂杂写了不少。希望所有的意拳（大成拳）同道，过细琢磨，我想多少能给大家一定的启发与引导。特别盼望能得到通家的批评指正。只有大家理智地放弃江湖恩怨，不管你叫什么，意拳也好，大成拳也罢，老师姓什么也无妨事，总归宗师都说是王芗斋吧，老话说和尚不亲帽亲，这就够啦。大家把所学所得无私交换，共同把王芗斋师爷和姚师等第二代意拳传人的宝贵遗产发扬光大。再强调一遍姚师曾经说过的话："你们谁也没学到意拳的全部，将来只有你们大家一起'凑'。"所谓大成若缺，"凑"到一块才是大成，才对得到无数真正热爱意拳（大成拳）的真正拥趸，这是前辈对意拳晚辈的深切期待。祝愿意拳繁荣昌盛，万古流芳。意拳不能在我们这辈颓废消沉，那样的话我们就真成了千古罪人。切切此心，人神共鉴。

春兰秋菊意拳第二代传人

余数十年追随恩师杖履，有幸见到大部分的意拳第二代传人。众多的师叔师伯音容笑貌、豪杰风采不时在我的脑海中闪现。他们春兰秋菊各为一时之秀，继承发扬了宗师芗老的意拳理念，在意拳的发展史上具有不可磨灭的功勋，他们一起为中国武林竖立了一座不朽的丰碑。忆往昔峥嵘岁月，有感而发，以兹缅怀。

体院学习期间，每年的寒暑假，姚先生都要我回天津去看望张恩桐、赵道新两位师伯。第一次去见张师伯是三弟王梅带我去的。张师伯身体强壮，虎背熊腰，看上去简直就是《水浒传》中的鲁智深。张先生是芗老的早年弟子，在拜芗老为师之前，曾经在天津武士会习形意拳，1935年追随芗老研习意拳，是芗老最得意的弟子之一，能征惯战，享誉津门。张先生在天津不教意拳，但他把意拳的站桩用于摔跤训练，经常以中国式摔跤的导师面貌出现于津门武林。我所见到张先生的弟子，有一个叫孙有长的师兄印象最深。孙师兄站的独立桩和我们平常站的独立桩不一样。因为张师伯教他的是中国式摔跤。那个桩很吃功夫，单腿独立，悬空腿的脚横放在额前。我有一次亲眼看到，他手臂吊着绷带（前臂骨折）站这个桩，一站就是半个小时，真了不得。由此可见张师伯在训练学生时的严格要求。师伯很健谈，给我们讲了他许多练拳的故事和与我的恩师姚宗勋先生的深厚友情。张先生在天津摔跤界有很多好朋友，其中就有响彻津门的跤王张魁元（大老九）。有一次张先生在天津南市三不管跤场撂跤，有人轻声告诉张魁元，这位就是大成拳名师张恩桐。有人使坏，叫张魁元布置一对跤手故意往张恩桐身上砸，结果张恩桐轻松地闪过，把砸他的人摔得够呛。在这样的情况下两位张先生得以相识，经过两人的友谊切磋，张魁元深邃意拳的奥妙，张师伯就把他带到北京太庙拜见芗老。和其他人一样，开始张魁元不相信面前这位老者有什么过人之处，芗老说："听说你小子有把子力气。能把我的胳膊压下去吗？"说着就把右手前臂肘关节吊起成下坡状。张魁元心想摔跤抢把还不容易。谁知一抓老头的胳膊就像摸到电门一样，没看见老人有任何动作，自己的脚下就蹦了起来。等他缓过神来，就跪倒在地拜师求艺，张恩桐就是他拜师的引荐人。芗老对这个年轻有为的汉子非常喜爱，当场收归帐下。以后只要芗老赴津，张魁元必侍奉左右，特别是芗老最后在天津三姑王玉白家养病期间，他更是端水端药，以尽尊师孝道。

第一次去看赵师伯是二弟王松带我去的。赵先生年轻时潇洒俊俏，我见到他老人家的时候已今非昔比。一只眼不好，一条腿也不太利落，但眉宇间仍然可以看出当年的英姿飒爽。由于赵师伯早年与芗老曾有过龃龉，姚师每一次都嘱咐我到了赵师伯那里千万不要提芗老，只说我是姚先生的学生即可。果然一说我是姚先生的学生，赵先生每次都会很热情地接待我们。当然王松也不敢说他是芗老的外孙，好在王松说的一口北京话，比我更像从北京来的孩子。赵师伯早年爱好竞技体育，开始听说芗老收了一个好徒儿叫姚宗勋，不置可否。后来听说姚也是大学跑跳投、足篮排的好手，就相信姚先生是个好人才了。经过长期的交往，又发现两个人的脾气秉性相投，遂成惺惺惜惺惺的至交。我见过赵师伯比划的心会掌，既有形意拳的影子，又有意拳的味道，动作飘逸得体，特别是还能看到他老人家练拳时的眼神，仍然明显由菩萨低眉瞬间变成金刚怒目。听赵师伯讲拳跟听姚宗勋老师讲课一样，都像体育学院的教授讲课的方式，用词当中多是现代体育科学用语，这些有关现代体育的词汇用语我听起来很习惯。什么体能、爆发力、意志品质、技战术水平，很容易让人听懂。不同于某些武术家说起拳来云山雾罩海市蜃楼，以艰深文浅陋惶惶然不知所云。赵师伯有很多拳学文章，以《道新论拳》经典留史。

我的师伯里还有一个最亲近的人我引以为豪，那就是我家乡天津的大名鼎鼎的神跤卜六爷——卜恩富。卜师伯30年代蜚声跤坛，威震拳台。1934年战胜全俄拳击冠军马夫洛格、全俄拳击亚军阿尔桑科，同年9月战胜美国职业拳王卡迪逊。1936年在上海旧中国的全运会上二比一战胜跤坛名宿宝善林先生（宝三爷）摘得金牌。每当我们问起这件事的时候，卜先生总是说那天宝先生拉肚子叫我捡了个便宜。这就是他老人家的武德，值得我们后人敬仰。就在这次上海称雄的时候，他被正在上海的芗老看中，把他叫到了身边，说要收他当儿子。那时候他眼里哪里看得起眼前这个瘦小干枯的老头。芗老看出了他的想法，说："听说你小子力气大，打我肚子尝尝你的力道。"当时卜先生心想，大个子的老美、老毛子我都打过，给你一下子还不得把你打坏了。卜先生用了三分劲儿打了一拳，觉得打在了棉花包上。芗老说："你就这么点劲儿吗？"卜先生来了气，又使足了劲儿给了芗老肚子一拳，谁知芗老使了一个坏，把他打来的拳又用自己的双手再加一把力往肚子上搋，结果把卜恩富的手腕弄伤（其实这就是意拳训练中的天王伞）。卜先生怒火中烧，猛然用偷袭的方法猛击芗老头部，结果被抛起空中，两只大脚在白墙上蹐出了两个黑脚印。后来当我们问他这段事情的时候，卜先生也说不清楚是怎么挨摔的，他说："老头给我来了个白鹤亮翅。"听得大伙哈哈大笑。我们也问过姚先生是怎么被芗老抛出去的，他老人家也说不清楚是怎么回事。所有和芗老比试的人，都感到是被电击了一样，谁也说不清楚怎么挨的摔。但是凡是那些敢于和芗老过手的人，都成为芗老麾下的爱将。如卜恩富、姚宗勋、周松山、姚海川、张魁元、杨德懋、马骥良、张长信、孔庆海等。芗老在收了卜恩富以后，把他带到深县老家同张长信、张恩桐等人一起封闭集训，准备参加奥运会拳击比赛，在世界上打出中华民族的威风。后来因为当时的国民政府认为卜先生曾为职业拳击手而不能报名参赛，芗老、卜师伯的宏愿未能实现。芗老的奥运计划未能成行，成为意拳走向世界的一次遗憾。但在中华人民共和国成立以后，直到中国恢复拳击运动，卜先生弟子杨金亮当上拳击国家队总教练，带领队员为国家多次取得优异成绩，才算了却了这一夙愿。再后来，先生的再传弟子刘永福（号称"中国柔道教父"）任国家队柔道主教练，以卜氏训练法，多次摘取奥运金牌，告慰芗老和卜先生。1937年卜先生在上海举行的国际拳击比赛上，未失一场，最后决赛击败全美冠军基兰柯斯根取得冠军金腰带。此后受中央国术体专邀请，到南京中央国术体专任教，从事摔跤和拳击教学，抗战期间曾带领中央国术体专师生赴台儿庄慰问抗战官兵，并教授国军将士形意刀法。

金无足赤，大成若缺。在卜先生如日中天的时候，他沾染上吸食鸦片的陋习，上演了一出三起三落的闹剧。每一次吸毒期间都被人看不起，又给人家当上"跤筐""拳靶"。一旦戒毒成功，就又会重当榜首。最后一次戒毒，朋友们把他扔到了煤矿井下，供吃供喝，就是不能升井。经过九死一生最终戒毒成功。从这件事情中，我们也看到了他的顽强毅力和对武林之学的崇高向往和追求。

1950年，卜恩富受中央军委特招入伍，成为一名光荣的中国人民解放军教官。在沈阳军区及东北工学院教授擒拿格斗、拳击、摔跤、击剑、射箭、自行车等运动项目，为国家和军队培养了一大批体育人才。特别是他带出了林海雪原小分队那样的特种部队，使东北的剿匪工作得以顺利完成，并给我军特种部队的组建打下了良好的基础。4月17日在天津举行了纪念卜先生诞辰105周年的盛大活动，意拳界和跤界的同门近百人齐聚一堂，缅怀他老人家一生的丰功伟绩。卜师伯的正能量是我们永远学习的光辉榜样。我作为一个在新中国成长的运动员、教练员，意拳的忠实传承者，天津人，半个军人，立正！向卜恩富师伯敬礼。

天津还有几位我的师伯，有李文涛、敖石鹏（敖五爷）、裘致和，李师伯文质彬彬，书生模样。敖师伯是中共北平地下工作报务员，他和北京的张中师叔共同在北京意拳研究会成立初期做了极大的贡献，今天我们所有在京的意拳研究会会员都不应该忘记这些可敬的前辈。裘先生1904年生，名裘玲，字稚和。初拜张占魁先生习形意、八卦，后遇芗老，也是通过试手见真，跪拜芗老，成为津门十一杰之列。我1963年暑假第一次见到裘师伯，说一句大不敬的话，就好像见到威虎山的崔三爷座山雕。看他家的摆设，肯定是个殷富人家。裘师伯尊重科学，极重武德，津门武林交口称赞。学术精益求精，崇尚内家拳，融合张占魁形意八卦、吴翼翬华岳心意六合八法，尤其是意拳要义、桩法之奥妙，以自身功法之感受，衍编出灵身之术的技击法"螺旋拳"。不管叫什么，看上去还有很明显的意拳味道。天津还有一个芗老的弟子，那就是我们天津游泳运动学校的校长穆成宽先生。穆先生是我国游泳运动的泰斗，他的子侄英、雄、豪、杰都是水上名将。穆祥英是国家体委水上处处长、穆祥雄是世界蛙泳冠军、穆祥豪是国家游泳队总教练、穆祥杰是北京市体委水上处处长。穆先生也是天津武林跤界响当当的人物，中国式摔跤以左势挑钩子著称跤坛。穆先生是回民，家住津郊天穆村，相当于北京的牛街，都是出武术家和跤雄的宝地。穆成宽和卜恩富是结义金兰，都是天津的骄傲。我们从天津体校出来的运动员，都经过站桩和少林十三式的训练。穆先生在训练穆祥雄站桩的时候，马步桩靠在墙边，头上有一个钉子，屁股下面有一个钉子，人站在中间偷不了懒，一站就是40分钟以上。穆祥雄就是经过这样艰苦的训练，才获得了蛙泳世界冠军。天津的游泳运动员腿部力量都非常出色就是这个原因。穆成宽经卜恩富引荐得识芗老。第一次穆先生见芗老，演示了少林马步站桩，非但没有得到夸奖，反而被芗老说成傻小子、傻功夫。拜师以后，只要芗老莅津，穆成宽必侍奉左右，毕恭毕敬聆听教诲。拳学日新月异。穆先生和张魁元也是好朋友，我就是在三姑王玉白家看到穆、张给芗老鞠90°大躬的时候，才真正得识芗老的庐山真面貌。

我在中山公园水榭练功期间，得识许多意拳第二代名师。周松山是印象中最深刻的一位。周师伯字子岩，山东大汉，临清大户。自幼嗜武如命，初习肘捶，精通螳螂、弹腿，复投师习鹰爪猴拳，与人交手，身如猿捷，手似铁爪，伤人无数，武林中赠其大号为"震山东周子岩""鹰爪小白猿"。周子岩善技击实战，一米八几的魁梧身躯竟能矮走蛙跳，纵横高低。特别是他一贯信仰"心毒称上策，手狠方胜人"，手毒心黑，每次比武必伤人，有一次竟把对手的眼睛抓瞎。在和芗老比武的时候，也和其他人一样不屑一顾。但一经搭手，芗老一触即发将周抛起半空。周也不含糊，空中来了个轻松漂亮的后空翻。再一交手周子岩如被电击，仰面朝天摔倒在地，后被芗老拽起。起身后五体投地跪拜芗老，成为芗老帐下著名骁将。周师伯健谈风趣，经常茶余酒后给我们一帮小家伙讲武林故事。他老人家号称"把式篓子"，什么少林武当，南拳北腿，十八般武器，信手拈来如数家珍。特别爱听他讲武林的规矩，好玩得很。比如要比武不能和对方握手，只能抱拳拱手；仇家见面，左手抱右手，因为习惯都把武器刀剑之类挂在腰的左侧，抱拳以后顺手就抽刀啦。相反要是示谊的抱拳，就要用右手抱左手了。在比武之前的交往上，接茶接酒要用双手，一手平托，另一手竖起掌心朝前，掌根相触，挡住自己的面部，以防不测。在洗脸的时候不能低头，要把湿毛巾用左手竖着擦脸的左侧，换右手竖着擦脸的右侧。这样做的目的，就是提高警惕防止偷袭。还有，在坐座位的时候一定要选择能看到四面八方的位置。经过墙角的时候要保持一个安全的距离等。周师伯给我们讲的这些，简直就是特种兵的训练课程。除此之外，一高兴还给我们说什么是"春典"，什么是三字语。比如说：给我来一个"翻张子"，就是要一张烙饼，再来一碗"固若金"（汤），就是要一碗汤。叫人"报个万儿"，就是问你姓什么。回答：兄弟我是梯子万儿的，就是我姓高。反正我们听起来就是黑话。周师伯还给我们说什么是"腥赌"，一般的赌场都怕他，只要他去赌场，老板就会说周先生不方便，就从柜上拿点银元算啦，您就别玩儿了。有一次他手里拿着一张麻将牌，有人说您手里有牌，他把手往脖子后面一抹说，如果我手里有牌，你们把我的脑袋砍下来，其实他已经把手里的牌放到后背里啦。周师伯说："你们现在不是练拳是玩儿拳。没有尝过挨打的滋味，摔跤的没当过"跤筐"，就不懂得怎么摔人，怎么打人，不经过身经百战，见血的实战，就不能算真正的练家子。武不善做，要打就必须玩儿真的。"

1962年我们在中山公园练功的时候，有一天遇到姚海川师叔。姚海川先生号称京都二姚，是个很有意思的人。第一次见到姚师叔，我老师给我介绍这是你姚师叔。我按照传统规规矩矩地给他鞠了个90°大躬，叫了一声师叔。这一下，老头撑不住啦，他是个很讲老礼儿的人，中午非要请老师和我到他家里喝酒吃饭。那天周子岩师伯也在水榭，就一起去了他家。姚师叔家住东城一个独门独院，门口挂着"中医师姚海川"。走进门里是一个不大的小院，几间北房，靠墙临窗有一棵大槐树。吃过午饭以后，我老师和周师伯在屋里喝茶聊天儿。姚师叔很兴奋地把我叫到了屋外，他叫我把拴在大树上的一杆长枪解下来。那杆枪有一丈多长，碗口粗细，一把抓不过来，姚师叔叫我试着用两只手把它端平。我使出了吃奶的力气也办不到。师叔说看我的吧，拿过枪来，单手平端一发力，枪尖儿乱颤，看得我目瞪口呆。老人家又叫我把他家屋里门后放着的那把长剑拿来。那把剑将近一人高，一拃多宽，师叔叫我耍起来，我两只手握住剑柄，想把剑首撅起来都办不到。师叔拿过剑来，舞了一趟剑法，虽然不是很快，但也是虎虎生风。我在旁边一个劲儿地叫好。想不到我一个年轻力壮的体院学生竟比不了一个小老头。师叔放下剑，问我棒不棒？好不好？我连说太棒了，真神了。师叔说："练了一辈子傻功夫，屁用没有，好好跟你师父练站桩把！"这时周师伯也从屋里走了出来，兴之所至，打了一趟形意拳，看得我眼花缭乱，棒极了。周师伯说："我练的东西太多啦，人家都管我叫把式篓子，可一碰到你师爷就什么都没有了，三次找你师爷比武，一次比一次输得惨，还是老老实实跟你师爷练站桩。"这次在姚师叔家的聚会，使我终生难忘，加深了我下决心跟随恩师研习意拳的决心和信念。

海川先生号根润，别名姚再生，1917年出生于河北省束鹿县耿虞寺村。1925年从师著名中医、八卦名家李老根习文练武。1929年拜河北形意拳创始人李洛能先生嫡孙李振邦先生为师学练形意拳。经李振邦先生引荐，拜在芗老门下研习意拳。1961年先生淡出武林，行医为生。先生一生悬壶济世，杏林春满。2004年先生驾鹤西行，享年87岁。

1962年开始，我老师带我和白金甲大师兄、许汝海、赵续泉、崔友成等师兄弟练习实作，训练地点经常在鼓楼后的杨德懋师叔院里。德懋师叔是我学拳的重要导师。当时我年轻力壮，在体院练过拳击，所以在开始练实作的时候能占一点儿便宜，有时一拳能把对手打倒，那时候脸上不由自主会露出得意之情。杨师叔看在眼里，语重心长地对我说："家骢，你那是推不是打。打拳靠的是速力，对方挨了重拳，应该是身体往下瘫痪，而不是远距离跌倒。你的力量不整，还得好好练站桩。"杨师叔的一席话，使我这个初学意拳的孩子受益匪浅。从此我就成了师叔家的常客。

杨德懋先生生于1910年。自幼喜欢武术，先后练过形意拳、八卦掌，后又拜太极拳名家王茂斋先生为师，在太极拳方面颇有造诣，特别是在太极推手方面具有很高水平，圈内无人出其右。后来因为和芗老切磋推手，深服芗老之德艺，遂拜于门下。由于他淳朴好学，颇得芗老疼爱和倾囊相授。我开始练意拳的时候不注重推手练习，认为那是一帮老头儿才玩儿的东西。杨师叔说："你们年轻人都不懂得意拳推手的重要性。推手为补断手之不足，两人纠缠在一起你怎么办？"后来我就是在杨师叔的带领下学习推手，重视了推手训练。第一次师叔带我推手，我怎么也感到不得劲儿，他哪里都是空的，可又时时感到他对你的威胁，说实在的，我真的知道意拳推手的奥妙了。打那时候开始，我就经常向白金甲大哥请教推手。白大哥和我推手，就像耍小孩子一样，经常把我放出去，还要拉我一把。其实这样比放出去更难受。我们那时候都是这个习惯，姚师、卜伯批评我们几个手善，不具备练拳的素质。

杨德懋天性善良，品德淳朴，尊师敬道，事母至孝，兄弟和睦，颇具传统古风，在意拳界有极高的赞誉。中华人民共和国成立后，杨德懋积极投身于社会主义建设，他作为工人而扬眉吐气，多次被评为先进工作者。

在教授意拳站桩功和与其他习武者的交流过程中，他的桩功得到了进一步的升华，萌生了要写一点儿东西的念头。他要把自己的切身体会留给后人，他要把芗老拳学发扬光大。他先后用了几年的时间，数易其稿，经过多方面的帮助，留下了《站桩功概论》这一宝贵的武学财富。杨德懋先生是王选杰的师兄，又是王铁成师弟的的启蒙老师。2007年，德懋大成拳俱乐部在京成立，俱乐部以弘扬武学文化、传承大成精髓为己任，旨在为广大意拳爱好者及国际友人提供一个学习交流和提高的平台。2009年，俱乐部出版了《杨德懋与大成拳》一书，其中，刊出了很多张杨德懋先生的练功照，并记录了多篇杨德懋先生有关意拳的精彩论文。现在杨先生的长子杨建侯和次子杨建友兄弟子承父业，接过父辈的辉煌，主持德懋大成拳俱乐部的日常工作，继续为意拳事业的发展贡献自己的力量。

1960年，我在老师家里第一次见到了于永年师叔。于师叔壮硕潇洒，学者风度，和蔼可亲，给我留下深刻的印象。于师叔是芗老最重要的弟子之一，桩功了得，以练功之刻苦异于常人著称。芗老美其名曰"大石碑"。于师叔带我推手，我感到无计可施，年轻的运动员竟无法撼动这位和善的老人。于先生生于辽宁大连，14岁时即投师习武。牙科医师职业，历任北京铁路总医院口腔科主任医师、科主任。后经人引荐拜芗老研习意拳，首重站桩功。1947年，于永年先生呈恩师首肯，与胡耀贞、孙闻青、陈海亭等7人于北平太庙成立了"中国拳学研究会"，会长为王芗斋先生。于永年早年就读于哈尔滨齿科大学，1942年毕业于日本东京齿科大学。毕业后与原北京口腔医院副院长黄永任等十几位同学进京，奠定了北平口腔医疗事业的基础。

于先生聪颖过人，对学问深研执着，不仅口腔医疗技艺精湛，还研发了"人造不碎眼球"，优于当时美国、日本的玻璃易碎假眼，为因常年战乱失去眼球的病人带来福音，填补了中华人民共和国成立初期祖国医疗科研的空白。发明"树脂胶球"，有效地解决了流行性传染病——肺结核的手术治疗难题，为此受到国家嘉奖。

自50年代始，于先生就开始在北京铁路总医院、北戴河疗养院等处用站桩养生功法治疗各种疑难杂症，疗效显著。1962年，于永年随恩师赴保定辅导站桩，并参加养生研讨会，发表论文《向王芗斋老师学练站桩功三十八年之体会》，引起与会者广泛关注。1989年，受亚武联主席霍震寰先生邀请，与王玉芳二姑到香港传授站桩养生功，1990年又应弟子林景全邀请赴英国，传播站桩功。此后10年间，多次到英、法等国授拳、讲学，受益者数千。耄耋之年的于永年深研《黄帝内经》《道德经》，创编"第二随意运动学说"。于1982年，出版了《健身良法——站桩》，首次科学、系统、全面、详细地对站桩功法进行了全国范围的介绍、宣传、推广。

王斌魁先生1915年生于北京，14岁便开始习武。青少年时期曾拜邢玉亭、白泽田等武术前辈为师，精研八卦拳、形意拳、太极拳等拳术及刀、枪、剑、棍等传统武术器械。按老一辈武术家的说法就是个"把式篓子"，没有他不懂的。王先生一生热爱祖国和人民，不惧权势，疾恶如仇，1933年在北平怀柔、密云古北口等地，积极投身抗日救国运动，后又在张学良的爱国部队中任武术教官，培养出一批又一批的杀敌英雄。1936年，王斌魁经武林同道推荐，代表北京市赴上海参加"全国第六届运动会"，获得全国武术器械比赛第一名。1940年，经洪连顺、姚宗勋等人引荐入芗老帐下，步入意拳（大成拳）的殿堂。1958年以北京武术家的身份，王斌魁任中国人民解放军北京军区武术教官，为部队培养了一批批优秀学员。他在数十年的武术生涯中，以深厚的意拳造诣，为继承和发展意拳做出了卓越的贡献。王斌魁先生一生严于律己，平易近人，对弟子们循循善诱，刚正无私，不仅毫无保留地传授武功，而且还在思想、道德上予以教诲，培养学生们的武德。他尤其反对用学到的武功去欺压别人。如今，他的弟子已遍及海内外，可谓是桃李满天下。他的名字已列入《中国近代名人大辞典》，他的高尚品德与精湛的武功，永远是我们学习的榜样。至今，王师叔站桩时的"抻绳"神态，给我留下难忘的深刻印象。

王玉芳二姑是芗老次女。她从小就像个假小子，站桩、健舞、实作无所不能。在意拳第二代传人中是唯一具备实战能力的女将。她经常和师兄们真打实作，因为她是师爷的女儿，所以师兄们都顺理成章地让她三分，因此在众多男士的陪练下，实战能力突飞猛进。二姑的结发丈夫是著名画家金协中，他们两口子在新疆的时候传播意拳站桩功，被当地人尊为"仙姑"。二姑对意拳有深刻的理解，功法也十分正宗，尤以健舞见长。每次我见到二姑练拳的时候，都仿佛能看到当年师爷的风采。每年春节我和爱人都会去给二姑拜年，二姑性格开朗、健谈，给我们讲了许多芗老的逸事，也为我们解决了许多拳学方面的问题。有一次二姑说："我父亲说打人你着什么急？"我听了很不理解，就问二姑这句话是什么意思？二姑说那是说把人捆起来再打不更好嘛。这是强调推手搭手的功夫在实战中的重要性。我非常感谢二姑在意拳的深奥理念上对我的谆谆教导。

张中（又名张正中），张师叔是北京意拳研究会副会长。他和天津的敖石鹏师伯是北京意拳研究会成立的主要组织者。张先生原是国民党军队的飞行员，解放战争期间由徐州返乡，不为蒋家王朝卖命。改革开放以后，落实政策，按起义人员安排。张师叔朴实大方，平易近人，身体素质和拳学造诣可谓上乘。北京意拳研究会的成立与初期的发展，都离不开张师叔和敖师伯的呕心沥血。张师叔曾给来访的意拳人士挥毫提了一个大大的"真"字，这正是张师叔做人和练拳的宗旨和写照。在我们老师辞世的那一段时间里，我们聚集在张师叔家里，处理姚师的身后事。包括意拳研究会今后怎样开展活动的一系列问题，张先生都发表了自己的大度中肯的意见。特别是在组织大运河意拳大会的期间，张师叔尽心竭力为大会的成功召开做出了十分的努力，所有北京意拳研究会的成员都不应该忘记他和敖师伯等意拳前辈的音容笑貌。张师叔1924年生于北京，汉族，原北平市私立四存中学高中毕业，私立中国大学哲教系肄业。自幼喜爱体育运动，对各种拳术及摔跤等均有所涉猎。1940年从师芗老，训练刻苦拳拳服膺，颇受芗老青睐，倾囊相授，拳学日新月异，登堂入室。张先生历任北京意拳研究会副会长、香港意拳道研习会名誉会长。

敖石朋师伯也是天津人，在中华人民共和国成立前是北平地下党搞报务的人员。敖先生人称敖老五，是位热情奔放、朝气蓬勃的可敬的老人，在体委科研所集训期间，以及意拳研究会成立前后都做了大量的工作。他和我老师是挚友，晚年把全部精力都投入了对意拳事业的发展上，他可以说是北京意拳研究会的特约顾问。敖师伯快人快语，遇事从不隐瞒自己的观点。在研究一些具体的问题时，我常和敖师伯有很大的分歧，甚至有言语冲突与顶撞。比如他老人家在恩师仙逝以后主张，让我们师兄弟通过比武决定今后意拳的掌门人。我首先提出反对，接着瑞彬、光子、荣子都表示不通过这样的方式比武夺位。恩师尸骨未寒，我们怎能演出一出众马争槽的丑剧。还有，姚师仙逝以后，他在窦世明家斥问我，为什么要在香港出的书上，写姚宗勋口述、薄家骢执笔？我说这是老师的意思，本来我说不用写我的名字，老师说：傻孩子，如有不妥之处，你要给兜着。敖师伯听了才作罢。诸如此类的重大分歧，我都和敖先生发生过口角，但每一次最后结果都很有戏剧性。有时眼看一场僵局无法下台，没成想姜还是老的辣，这位老江湖说出一番话来，不得不叫人佩服。敖大爷会给我们演一出精彩的变脸艺术，瞬间由金刚怒目变成菩萨低眉。他说："光子、荣子你们学着点儿，你薄大哥做事像你们父亲，当仁不让，有啥说啥，不像你们人云亦云还太嫩呀。今后有你薄大哥管事，我们几个老头儿就放心啦。"谁也没想到一场不愉快，就这样轻松地烟消雾散了。敖师伯在辅导我们练习推手的时候，介绍了一种双人缩发练习，效果非常好，我本人受益匪浅。

窦世明师叔身世复杂，出身军旅，曾在张学良部下任职。窦世明1921年生，辽宁沈阳人，窦先生个子不高，但很强壮，属于那种车轴汉的形象。他的拳法简练实用，极富实战经验，拳锋犀利打法凶狠。在一次降服恶霸"高阎王"的时候，面对对方双手持匕首，毫不畏惧，一个崩拳将"高阎王"打了个满脸花。没想到这件事情的发展具有戏剧性的效果，"高阎王"自此改恶从善，弃武从文，竟成为某大学的文学教授。我们问窦先生对方双手持刀您怕不怕？窦师叔说："双手持刀刀尖朝下是不会用刀，动作迟钝也不准确，如果遇到平握匕首，刀尖朝前，就要小心啦。"后来我们试了试用刀尖朝下的握法，去扎放在桌子上的硬币，结果很难扎得准。但如果平握刀，刀尖朝前就方便多了，无论是向哪个方向都和出拳一样得力。这就是芗老所说，"兵器为手臂之延长"。我们的老师姚先生非常器重窦世明，经常说："你们窦师叔那个崩拳，除了我别人还真不好对付。"窦师叔比较传统，有一次他叫我打一下"炮锤"，我说我不懂什么是炮锤。其实他说的炮锤，就是我们每天都练的崩拳，也就是不直的直拳。我们告诉窦师叔姚先生经常夸奖他的时候，他却说："我和张中、韩嗣煌等人都是跟姚先生练的。中华人民共和国成立后芗老一句话叫大家拉平了吧。这才成了你们师叔。"窦师叔为意拳研究会的工作提出了许多宝贵的意见，他是北京意拳研究会的顾问。

当年姚先生带我们练实作的时候，除了在鼓楼杨德懋师叔家，还经常在西城绒线胡同韩嗣煌师叔家的院子里练拳。韩先生风度翩翩，书生意气，对意拳的拳理拳法有独到的见解。曾在香山别墅组织培训，培养了一批在意拳事业上有所成就的人才。韩先生的拳学著作颇丰，以《阑珊集》为代表流传于世，是许多意拳爱好者的必读教材。韩师叔有时喜欢带我们推推手，不断地给我们指出不足，对我们推手技艺的提高给予了极大的帮助。他谈吐文雅，平易近人，很有学者风范，在我们眼里他就是一个大学教授，而绝不是一介武夫。

河南洛阳杨绍庚先生，是我和大师兄白金甲接触最多、关系最为密切的一位师叔。在某种意义上，他就像专业队的助理教练或者是体校的辅导员。我们不敢问老师的问题都敢问他，每一次他都能够非常耐心地给予详尽地解答。杨师叔祖籍云南，出身名门，总工程师，文武兼修，经常在全国武术杂志上发表极有分量的文章。著作以《意拳浅释》为代表流传于世。杨师叔也是愿意经常带我们推手的意拳长辈，他对实作训练有独到的见解。他和我国拳击界的北拳王张立德是很好的朋友。经过他的介绍我认识了这位北拳王，也和拳击界有了某种交往。好几次，杨先生和张立德都和我们运动学校的校长林则钰在一起聊天，张立德很希望把意拳的优异传统功法运用到拳击运动中去。张立德多次对我说他早年就有拜姚宗勋先生为师的意愿。他对意拳通过搭手控制对手的打法很感兴趣。他曾经问过我："家骢，你们练拳击的时候练没练过阻挡？"我说当然练过，按照我的体会就是中国武术的搭手，张立德很遗憾地说："这么好的技术现在怎么就看不到了呢？"我和杨师叔一家聚会、吃饭、聊天是常事。有一次我和杨师叔、杨婶儿在颐和园昆明湖上划船观景，杨师叔一不小心，身上的钱包突然滑落水中。当时他大声说："不好，钱包里还有重要的东西。"

我说："不要紧,我能给您捞上来。"说着话我脱掉上衣,一个猛子从船上翻入湖中,不大工夫就把钱包捞了上来。杨师叔高兴地说："你不但练拳,还是个'水上白条'。"我很得意地说我是海河水里泡大的孩子,扎猛子摸鱼是小菜一碟。后来我工作调到陶然亭游泳场,意拳之家训练基地也设在那里。杨师叔从东北来京就住在我们的训练馆,每天带我推手、打手靶,同时也帮助我辅导学员。那段日子过得很惬意。杨绍庚先生亦桃李满天下。杨师叔永远活在我们心中。

我在天津游泳运动学校训练的时候,就常听竹兄说起李见宇(李键羽)这个名字。王竹管李先生习惯叫"黑舅",因为老一辈的圈里人都管李叫"黑子"。他在意拳的第二代之中也是一位有代表性的重要人物。李师叔是回族,字光环,出生贵族。幼读私塾,后入美国教会学校,说一口流利的美式英语。7岁在大兴县第一国术社学习武术,向唐凤亭学习形意拳。后经友人马骥良、李苦禅等人引荐得识芗老。李先生天资聪颖,勤恳苦练,升堂入室,拳学突飞猛进,深得芗老宠爱。特命姚宗勋代师传艺,一手提携其渐入佳境。特别在推手功夫上亲传亲授,发人丈外,宛如儿戏。李先生不但拳技了得,而且把意拳的理念延伸到挥毫泼墨的艺术境界,正所谓书剑同法。书法讲究意在笔前,绘画讲求胸有成竹,都离不开一个"意"字。李师叔文武兼修,少年时期拜书画家林实馨先生学习书法、国画,15岁画的《七熊图》曾得到徐悲鸿先生的好评。1950年李师叔被吸收为中国画研究会会员,后来又被聘为东方书画社的书画家。1953年李见宇作画已名声鹊起,甚得徐悲鸿等大师赞誉。恰逢师兄李苦禅、李可染、王雪涛、叶浅予、娄师白、董寿平、启功等艺术家联袂向人民领袖毛泽东敬送书画的盛事,见宇先生应邀忝列,满怀深情作《春来大地》和《青松白云》图。这两幅图至今收存于国家中央档案馆《毛泽东珍藏名家画集》之中。李师叔还能唱得一口黑头,在他70寿诞的聚会上,"包龙图,打坐在开封府"的浑厚音腔,至今仍回响在我们的脑海中。无怪乎,他的试声功夫被业内称为"狮子吼"。李师叔的文学水平也十分了得。他和我的另一位师叔孙闻青一起帮芗老整理了很多意拳经典的功法口诀。目前流传在意拳爱好者手中的《芗师语录并歌要》即此。说到李师叔就不能不想到另一个人。那个人李师叔不肯说是他的学生，人家也不承认是他的徒弟。这个人就是常志朗。尽管关于常先生的师承有这样那样的分歧，众说纷纭，莫衷一是，但我师父姚宗勋先生亲自告诉我："像你们这个年纪的年轻人，受过你师爷亲自教导的，唯常志朗一人而已。"因为他年龄小，所有芗老的其他弟子都不愿意和这个"常小孩"兄弟相称。没办法，芗老只好指定李见宇为常小孩的老师。常先生家住天坛北里，离我上班的陶然亭游泳场很近，每年夏天他都会找我去游泳。当时我是游泳场场长，我管他叫常先生，他管我叫薄场长。我帮他换个深水证，给一些游泳赠券什么的。我也经常到他的府上拜访。不管怎样，我和常先生都把对方当成朋友。常志朗的一举一动确实有芗老的影子，潇洒飘逸，对拳学的认识也很深刻，在和他的交往中我受益匪浅。"十字手"我就是受了他的示范启发而掌握的一项拳技。特别是有一次，他说作拳的时候一定要把身子"悠"起来，也就是身子耍手的意思。这和我老师讲的道理是一样的。可惜的是常先生的腰部年轻时受过伤，动作放不开，但无论如何仍可以看出他当年的风采。我几次要求常先生带我推推手，他都不应允，他说："姚先生的弟子都像你和崔瑞彬一样人高马大，我从来不和姚先生的弟子搭手。"后来常志朗移居香港，没有往来。俱往矣，天下事了犹未了，何妨以不了了之。

有一年夏季游泳场开放，传达室通知我有外地人来访。来人自我介绍，他从山东来，叫孔庆海。这个人我不认识，也没有听老人们说过。通过聊天儿，我确认此人是芗老弟子。他要求我给他开一个证明，目的是准备在山东老家成立意拳组织。我答应他过几天给他开，因为意拳研究会的图章不在我身边。孔庆海，山东大汉，身体魁梧，目露凶光，一看就是好勇斗狠之徒。听他言讲，当年在北京的许多战斗，都有他的参与，包括威震"西四三杰""三十六友"等意拳著名战斗。他最佩服的人，就是姚宗勋。可是后来每当我和其他师叔、师伯谈起孔庆海的时候，不知为什么大家都不置可否，至今未解其意。说到这里，想起老人们曾经跟我说过的另外一个人，他叫焦金刚。焦金刚和孔庆海都是人高马大的彪形大汉，不同的是焦金刚修长俊俏，极好修饰，风靡舞场，给人们的印象就是个纨绔子弟，按北京土话也就是个"小玩闹"。他开始在姚宗勋先生带领的训练队中练拳的时候非常不受大家的待见，有人出主意说干脆把这小子打跑了算啦。那时他经常被大家打得够呛，但是不管你把他打得多惨，甚至伤筋动骨，可一旦恢复健康，他就会回到实战的训练场。往后大家开始对他刮目相看，也逐渐喜欢上这个打不跑的年轻人。

在陶然亭游泳场"意拳之家"，我们曾两次接待由佟国藻先生带领的阿根廷意拳代表团。佟国藻（1929—2013），满族，爱新觉罗氏后裔，河北沧州西门里人。自幼随其父佟忠义习六合拳法和擒拿术。佟忠义和尚云祥、王芗斋都是好友。经其父带他觐见芗老，跪拜膝下。芗老对他疼爱有加，视如己出，口传心授。佟国藻拳技突飞猛进，日新月异，遂成芗老帐下一员猛将。佟国藻义气千秋，待人接物以宽以诚，常念："为人谋而不忠乎？与朋友交而不信乎？传不习乎？"佟国藻文武双修，多才多艺，晚年受弟子之邀，不辞劳苦亲赴阿根廷授艺，学者甚众，对意拳在海外的传播功不可没。

北京市是意拳的发祥地，第二代意拳传人许多居住京城。我开始请三姑给我介绍老师的时候，三姑给介绍的是刘介平、陈海亭。我当时问竹兄这几个老师是不是最厉害的？王竹说最厉害的是姚舅。我就求三姑给我介绍姚舅。三姑笑了笑说："我就怕你跟姚宗勋学打人。"我向三姑保证学拳不打架，三姑才勉强同意给我老师写信引荐我拜姚舅为师。直到现在我也十分感念三姑对我的恩情。只有在姚师的帐下学艺，才成就了我对意拳终生的追求。当然我对中山公园五色土曾经见到过的刘介平、陈海亭、何镜平、何镜宇、秘静克等意拳长辈也充满了无限的敬意。

以 武 会 友

我自幼喜爱体育运动，尤其痴武。天津九河下艄，民生慷慨彪悍，多武林英豪霍元甲辈。我的老姥爷是有名的说书艺人。我小时候只要住姥姥家，就一定能听到他老人家精彩的武侠故事。什么七侠五义、三侠剑啦反正都是武林好汉，英雄豪杰。我从小就喜欢摔跤、捣皮拳，那时没有拳套，只好戴棉手套练习实战。那时也没有人教，经常互相打得鼻青脸肿，十分狼狈。条件艰苦，反而造成了我较强的抗击打能力，也经受了头部被重击后的眩晕和胸口处被重击后的只有往外的呼气没有了吸气的恐怖感受。这给以后的各种实战，都积累了宝贵的历练经验。还有就是在重竞技体校练中国式摔跤那几年，给人家当"跤筐"的悲惨时光，无疑对我往后在对抗场面中的表现产生极大的帮助。也就是说，我挨过打、挨过摔，知道挨打的滋味才克服了实战中的恐惧。还有我的近视眼，坏事变好事。只要一逢战斗，我必采取贴身近战，不然就会吃很大的亏。这正好符合"打人如接吻"的实战要求。我们那个时候，有个不成文的规定。就是打了架，不许告诉家长。否则就是不讲义气，会叫人看不起。我的少年时代，由于是体校的学生，所以在胡同里算得上是一个孩子王。我这个人挺有意思，一辈子到哪儿都是小头目。在体校是队长，在学校是语文课代表，在体院是水冰系文艺委员，全国水球比赛是裁判长，在市武协是意拳研究会会长，直到陶然亭场长。我为人憨厚真诚，待人以宽而去其隘，待人以诚而去其诈。在邻里、校园、单位、特别是在武林到处交朋友混个好人缘。

我今后的任务仍然是继续团结一切意拳（大成拳）爱好者共同为意拳的传承发展贡献毕生努力。直到现在，我与许福同、和振威、胥荣东、高平、杨鸿晨、于冠英、张铁良、张树新、武国忠、李全友等都已经成为好友。在全国武术界也有良好的口碑，一样拥有众多好友。我从小按我老娘的原话，就是一个不省油的灯。隔三岔五惹点小麻烦，被老师告状是常有的事。身体完好的时候不多，不是这里有点小伤，就是那里不对劲儿，反正都是自己找的活该。我从打跟老师练了意拳，比武切磋以武会友的事，就不断发生。我也乐此不疲如饮甘醇。我离开恩师的时候，老师谆谆教导的"他打他的，你打你的""保持肩架挨不了重拳"，这两句金玉良言让我受益一生，一辈子没吃过亏。通过比武切磋，我在大量的实战检验中，体会到只有这样才能真正提高自己的技击水平，也就是武学的真实功夫。我这个人，从小傻大胆，不怕惹祸。加上出身体校，身体素质尚可。所以遇事不慌，自有主张。每遇到比武切磋，特别兴奋，乐此不疲。

  我的武学技艺，最初展露在陶然亭游泳场。有一年冬季，我们在"深挖洞，广积粮"的政治口号号召下，进行挖防空洞的土方作业。负责领导我们救护组工作的是电工师傅申玉柱。申师傅曾经是刘亚楼将军的警卫员，擅长擒拿格斗。每到挖洞的休息时间，他都要给我们演示怎样擒拿，降服对手。他又习惯拿我做示范，说小薄是运动员身体好，能够接受我的擒拿，一般人可能受不了。于是他每天都拿我过他的擒拿瘾。什么牵羊啦，缠腕啦，锁喉啦，夹臂啦反正一冬天弄得我很狼狈。由于我当时在游泳场的地位是劳改，所以从来不敢造次，任人欺辱。这次刚好挖洞工作结束准备开场。我就有了反抗的想法。当他两只手抓住我右手腕准备来一个反关节拧臂跌伏的时候，我不动声色一个蛇缠手把他按倒在地，惊动了所有在场的救护班工人。申师傅站起身来，说道："小薄，原来你会武术！"我说练过早就放下啦。从那时起，大家才知道我会拳术。于是所有救护班的小伙子都开始跟我学习意拳。其中就有王岳铭、王岳铮兄弟，后来成为我很亲密的拳友。通过这次交流我和申师傅成为很好的朋友。不曾想莫名其妙他又给我找了一个麻烦。我们游泳场每年夏天，都要聘请很多临时工，那一年有一个姓汪的小伙子会八卦散打，申师傅跟他武艺切磋吃了亏。多了一句嘴，说我们场救护班有一个小薄，会大成拳挺厉害，你有机会可以找他试试。小汪听过这话不屑一顾，说什么大成小成，有一个算一个。正好有一天下大雨游泳场停场。好事的申师傅和更衣室的老师傅卢殿安一起，要组织一场较大规模小汪和小薄的比武切磋。他们的想法是利用停场的机会叫大家休息娱乐娱乐。很可惜他们两个老头不知道什么叫比武切磋。当时我还在体校办公室写黑板报，他们很郑重地到体校来找我。我听说以后很不高兴，不同意比武，怕引起不必要的麻烦。可他们执意要促成此事，并说大家都在更衣室等着看精彩表演哪。无奈之下，我只好勉强应允。穿着拖鞋田径短裤和他们一起来到更衣室，见到了小汪。一看是个车轴汉，个子不高，有把子力气。我问他怎么比？他说咱们各站一角，你先进攻。我说我不会打人，还是你上来打我吧，我身体还可以，不怕打，你手下留情点到而已，叫大家哈哈一乐就完事好吗？他说那我就不客气啦。说着话，他就晃里晃荡猛扑了上来。我在没有准备的情况下，用右手的手背轻轻地甩在他的口鼻部位，一下子就血流满面。我以为就结束啦，没成想这小子还真不含糊，一上步就抱住我的腰要摔我。我心里一惊，左手按住他的头部，右手同时就栽拳打在他的腮部。要知道栽拳是意拳看家的重拳。一下子小汪就昏了过去。当时把大家都吓坏啦，场面一度慌乱。我也很生气地说，换个个，我就是这个样子，你们这么大的年纪真不知道所谓比武切磋的含义吗？申、卢二位赶忙说："我们以为武术切磋就是表演，谁知道是这么回事！小薄，你甭管啦，我们来处理。"等那个小汪后来苏醒以后，说了一句陶然亭职工都记得很清楚的话："今天哥们儿傻啦！"

　　自从全场知道我会武术以后，经常就会有这方面的事情找上门来。那次体校的乒乓球教练王肇兴一个朋友叫王五零的现役军人请他介绍好的武术教练。王教练就把我和体校的专职武术教练穆玉春请到体校办公室。双方寒暄一番，开始涉及武术，知道我是水球教练王五零不感兴趣。主要是问穆教练事宜。穆玉春侃侃而谈少林、武当、太极、八卦，王五零听得直打哈欠，穆一看就借口上课走开了。剩下我，王才问："您是练什么拳的？"我说练的是意拳又叫大成拳。他说这个拳管事吗？我说意拳没有套路注重实战。他听了眼睛一亮，高兴地说："我找的就是你这样的武术家。"首先我问了他的基本情况。他说他现在是三原现役军人，父亲是空军参谋长，自幼痴迷武术，练过散打、拳击，擅长军以上擒拿。我听这些很不解。问他什么是军以上的擒拿？他说军队擒拿分等级，越往上，擒拿的技术越高级。我提出可以和我试一试军以上的擒拿技术。他迫不及待很高兴。于是就开始用各种手段对我进行攻击。不可思议的是他所有的方法在我这里都不管事。于是他很诚恳地请求拜我为师。在王肇兴的见证下，他给我行了一个标准的军礼，算是正式有了师生关系。临分别时，他从腰间解下一条七节鞭和一只军队匕首，非要把那件匕首送给我。我婉言谢绝了他的好意。因为地方不可以有这样的利器。后来他跟我练了几年时间，进步很快。有一次在天安门广场和一个练形意拳的青年推手，他把人家摔得有点儿过分，我当场批评了他。他有点挂不住，给我写了一摞检查，在承认错误的同时，不理解赢人有什么不合适的。后来我有机会把他带到了姚先生身边。姚老师也非常喜欢他。但过了一段时间的观察，姚先生对我说，这孩子有点偏执，教学中要注意。果不其然，跟姚师爷练了一段时间，他就开始要求我和他一起练推手，一次比一次加强攻防强度。有一次在六部口我的家中推手，那是个冬天，屋里生着火炉，当他用全力和我推的时候，我开始注意认真应付。结果当他猛力进击的当下，我无意中做了一个变向的发力，一下子不知怎的，竟把他摔到墙角的炉子后面。奇怪的是炉子和墙之间看来根本就没有这么大的空间。当时他觉得有点下不来台。说："老师你是不是生气啦？"我说："对不起，我不是故意的。"但谁知道那一次竟是我们师生的最后一次相会。可以说是不欢而散。从此，我们就失去联络了。估计他现在可能都是部队的将军啦。所以我也就没心思再找他联系了。

在陶然亭期间，我还收了一个"红二代"。他叫许小岑，是传奇将军许世友的外孙子。我水球队的学生张润民，把他介绍给我，说他受姥爷影响，自小喜欢练武。由于他是现役军人，对武术套路不感兴趣，愿意练实战拳术。听张润民说："我们薄教练大成拳就是讲实用的武术。"小许听了非常高兴，回家问过许将军，许将军也知道武术界有一个老先生叫王芗斋。因此小许就成了我的徒弟。这小子有把子力气，练过举重散打，就是有点僵，费了很大的工夫才会放松。通过交往他对我十分敬重，进步很快。

游泳场是个是非之地。公共场合少不了流氓滋扰。几乎每天都有治安问题发生。什么打架斗殴、女池里的摸客、老顶、猥亵等等。陶然亭派出所在游泳场开放期间一直都有常驻警员。他们和我场救护班有着非常协调的工作关系。一般的治安问题都是首先由本场职工负责应对，然后送警。由于场领导知道我会武术，所以就安排我负责处理治安问题，经常和我一起出场的还有满恒宝同志，他是回民，身体结实，能征惯战，外号"满哼德拉"。所以游泳场每当发生治安问题，都少不了我俩的身影。以至于全体陶然亭游泳场人，都把我们两个叫作游泳场的顶门杠。住场民警马震川是我们非常好的战友，都是在共同解决治安问题时结下的战斗友谊。后来他调到市公安局当了局长。我的实战能力在陶然亭工作期间得到很重要的锻炼，开放期间，几乎隔三差五都有不同程度的对抗。其中印象较深的是和宣武著名流氓头目哈增的争斗与交流。哈增是有名的亡命徒。在和他的交手中，我感到有点费事，当然他从来也没有占到便宜。只觉得他身手不凡体力充沛。后来在和他的一次对话中，听他说："我知道你练大成拳，你们的大哥夏成群和我是朋友。"我告诉他小夏是我师侄（老师仙逝的当日叫我通知小夏他被收为关门弟子）。从那以后我才弄懂他动起手来，为什么风格像小夏和崔友成。老师曾经在后海崔有成的家里让我们一起练断手。在那个时候和我对练过的人中，崔是最有实力的一位。简单来说，旗鼓相当，我略占上风。但他那种谁也不论，好战张扬的风格咱们这些人都比不了。每当有武林聚会，他都会表演出彩。有一次张树新先生收徒仪式，请大家在饭店吃饭，他来得最晚，一进屋看见原来一个工厂的同事，北京太极拳名家冯志强。崔上来就说："你小子，忘没忘当初我摔你仨滚儿？"人家冯先生脸上挂不住，就先退席了。等快吃完饭的时候，他又说："吃饱了，喝足了，咱们有一个算一个，起来玩玩，薄大哥除外。"您说，除了他，谁还能如此办事。哈曾知道我和崔有成是师兄弟以后，我们就再没动过手。他在陶然亭不再折腾。我们也以平和待之。他所带来的人，我们这里都赠游泳票免费接待。同时还经常帮助我们维持秩序，两全其美。意想不到，从此其他区的老炮玩闹也都消停了。场领导知道此事，也没有说什么，提醒我们要注意分寸。因此我们最多互相递过烟，从来也没有收过礼、吃过饭。总之，陶然春秋，是我武功大进的辉煌平台。还有一次，我用刷池子的大扫把，横扫一帮手拿棍棒的小流氓。哥们儿问我要的什么功夫，我戏称是"采茶扑蝶"，一笑了之。

我的第二个比武切磋战场，是全国水球比赛的会场。那一年比赛在上海，中间休息期间，我们会游玩聊天，闲得无聊，就有人起哄架秧子，就嚷嚷会武术的，来一场比武较量，大家找个乐子。主持比武的是我的朋友刘雷，北京籍裁判。实际他非常了解我的水平，有意见识我的真实表现。他首先拴对儿，八一队的指导萧平和我玩儿散手。萧平人高马大壮硕身躯，看上去就不是善茬儿。比试开始他对我说："薄教练，我练的是神拳，只要一入静，进入状态，再往下的行为举动，就不是我所能控制的了，如果给您造成一定的伤害，请您原谅。"当时我的想法是心理战吓唬我哪。我说："不要紧您放心，第一我经打，第二就是受了伤，也不会怪任何人。您看怎么比呢？"他说："您准备好了，告诉我一声，我就开始入静，同时进攻。"我说："好吧。"于是他就闭上眼开始念念有词，随后睁开眼疯了一样，猛扑过来。我连基本肩架都没整好，浑身一惊只觉得前臂撞了他一下，不知道怎么回事，他就像游泳出发那样从我的右侧空中蹿了出去，结果把大腿磕伤，在整个水球比赛中，都是瘸着腿当的裁判。这是我一辈子第一次感知"花钱难买激灵颤"之妙境。真不知道是怎么赢人的。通过这次比武切磋我们成了好朋友。

20世纪90年代的一个秋天，由市武协秘书长王小平组织了一次中外大成拳的交流活动。地点就安排在什刹海体育馆。对方的领队是一个来自台湾的老者，叫什么忘了。我方领队是二姑王玉芳，师姑带着我和崔瑞彬与会。对方是由许多国籍的二三十人所组成，总教练也是台湾人。开始那位领头的老者，请王二姑安排我和瑞彬表演意拳健舞。于是我就和大崔一起表演了几分钟的活步试力，获得一致好评。那位老者说好像又看到了当年宗勋先生的风采。我们表演完以后，老者提出双方进行技艺切磋。我一听切磋二字心中一愣，恐有不测。我以为是要玩真的。当时我怕瑞彬的拳头重惹麻烦。就和二姑说我来吧，二姑也是这个意思。于是就由我出面和对方的总教练演习推手。没成想我倒惹祸了。当时我俩的形式是，我双手在外他在里，按照我们恩师的教导，和人推手时一定要保持指力，最怕脱点。谁知这位教练不谙此道。一边嘴里说着："这没用。"一边抽出左手，准备打击我的腹部。他一脱点，我出于本能右手一下子就打在他的口鼻部位，接着就是左手的连击，他的脸部马上就花啦。我当时想：完了，非引起对方的群殴不可。谁知一帮人走上来，又是照相，又是签字，没人动手。把王小平也吓得够呛，跟我说："薄教练，出事怎么办？"我说不要紧。这种事在武术中经常发生，一般双方都不会宣扬。您想这总比我被人家打了，您的脸面要好看得多吧。正巧对方领队的老者，和市体委副主任牟大为的父亲，国家体委领导牟作云是同学。当天晚上牟老做东，请对方出席宴会，我方人员作陪。在宴会上王小平代我给人家道了歉，敬了酒。大家相逢一笑泯恩仇，事情也就过去了。过了好几天，有一天晚上，我突然接到二姑的电话，叫我过去一趟。我不知怎么回事，赶忙和老伴儿去了她那里。结果是二姑亲自包了饺子准备了好酒，说是给我庆功。我受宠若惊，虽然已吃过晚饭，但还是高兴地吃了几个饺子，喝了一杯酒。还有一次，因为推手脱点，我伤害了一位姓寿的上海太极拳师，实在不应该，在此致礼赔罪了。

在我所有的比武切磋记忆中。有一件事情最值得自豪与炫耀。那就是，匹马单枪，独身闯营，全身而返。那是20世纪90年代初，刚刚恢复拳击运动。我听说西单体育场有拳击训练班。就跑去看看。原来是北京拳击队老教练于福山先生在那里组织训练。我和于教练说明来意："我是北京体院业余拳击队的一员，和王守忻先生学过一段时间。现在想跟您这里，再重新学习一下，您看可以吗？"于教练表示可以。从此开始我就正式参加了拳击训练，风雨无阻。每次上课，我都和所有学员一样，在队列中认真练习每一个动作。不久在一堂课上，于教练问我，还能不能参加实战？我说很高兴能有参加实战的机会。第一次于先生给我安排的对手，是一个姓乔的左势选手。我们两个打了几个回合，结束实战以后，小乔问我："教练您是左势还是右势？"我说："我不知道究竟是左势还是右势，赶上哪边就是哪边。"于老师对小乔说："看得出来这位教练的拳头非常重，跟你打，教练留着份儿哪。"我说："哪里，五张多了哪还有劲？"从那天开始，每一次训练，于先生都会给我安排一场实战。几乎把全部重量等级的队员，打了一个遍。直到那天，几乎是拳击界的大聚会。以张立德为首，王守忻、王国钧、费志诚、苗忠孝、赵老师等在京名师汇聚一堂。大家聚在一起不容易，除去寒暄问候，少不了拳技切磋。于教练一时高兴，问我能不能和王国钧老师打一场教学表演赛，我说："那太荣幸了，您安排吧。"于老师说："这样吧，三个回合，第一回合您防守，第二回合您进攻，第三回合对攻，好吗？"我很兴奋地答应了。于是第一回合王先生打我，我就记得姚师嘱咐我的一句话：保持肩架挨不了重拳。与此同时，我还尽量接近他，利用搭手技术，阻挡他的进攻。于是，三分钟他基本就没有产生什么击打效果。可别说，人家全国冠军也不是徒有虚名。我一放松没留意，他用后手拳，打到我左腮。在拳击技术里后手是解决战斗的重拳手段。可我只感觉被轻拍了一下。于是我心里就有了底，没什么了不起。第二回合，开始我打他。他用的是传统的，双手护头或一手护头一手护腹的拳击防守技术。咱们根本就觉得这样没用，我把他当成一个活沙袋，展开了不停顿的连击，拳头像雨点般一下比一下狠，落在他的身上。按拳击比赛规则，可能我很少"得点"，但我很清楚会把他震得够呛。我打了不到半分钟。王守忻老师兴奋地带头鼓掌，高声喝道："薄家骢跟拳击队说说，你怎么跟姚先生练大成拳的？"我说："王老师我很久没有见到过姚先生了。"第二回合结束，休息。我心中忐忑不安，不知所措，考虑接下来怎么办？三回合对攻，输给他对不起恩师，赢了他，恐怕出不了这间房屋。正在此时，老谋深算的于教练说："大家鼓掌，谢谢两位老师的精彩表演。都这个岁数啦，见好就收吧，第三回合我看就算了吧，你们二位说怎么样？"真从心里感谢于先生，"廉颇老矣尚能饭否？"我和王国钧都免除了一生的尴尬。当时我说："我可不是老师，在拳击队我是学生，今天我向王先生学到很多东西，谢谢。"那次聚会以后拳击队的重量级队员刘洪波拜我为师学习意拳。从那时起，我就想入非非，非要在拳击领域干出一番事业。谁知犯了大忌，卧榻之侧岂容他人酣睡。市体委任命我为北京拳击队领队兼教练，实际上是抢了人家的饭碗。所以迎来铺天盖地的反击。后来我的一场拳击黄粱美梦，就慢慢惊醒了。张立德先生是我们杨绍庚师叔的同窗好友，我们第一次见面是在陶然亭游泳场"意拳之家"。张先生说当年经绍庚介绍，要拜姚先生为师，结果错过了机会。那天，体校校长林则玉在他的家里宴请了张先生和杨先生。大家言谈甚欢。此后，张先生和杨叔叔多次到我六部口的家里叙谈，拳击界张先生是唯一支持我的人。正因为如此，张先生在拳击界也非常受孤立，吃了我的瓜落。但我发现，张先生是非常敏锐的拳家。在看过我和王国钧的实战之后。他发现我的对攻技艺中包含意拳推手明显占便宜。那次下来以后，张先生问我："家骢，你在体院打拳的时候，有没有练过阻挡？我说练过。张先生说怎么现在都不会用啦，这不就是你们意拳的推手技术嘛！"大家看，老人家是不是慧眼识真。现在想起来独闯拳击坛，检阅了我的技击业绩，树立了我对意拳的传承信心。

我的比武交往，还有一次以推手收徒的趣闻。2000年左右，有一个广东武术爱好者，到陶然亭游泳场找我，说是慕名前来投师。他叫温永平。练的是咏春拳。此人看上去精明干练，身手矫捷，一定是个武林精英。听他说，他的老师教导他练就练实用武术，不搞花架子。他师父看来就不是善茬儿，经常带一帮徒学诸生到处踢馆，当然这温永平就是麾下主要干将。这次来京，奉师命，专找意拳高手比武切磋。温先找到几位意拳名家过手，都先后失利。但按照他师父的教导，认为能打两下子，不能算高手。于是温到处打听有无意拳名师。他托人找到市武协秘书长毛新建，听说我在陶然亭游泳场当场长的情况告诉了他。有一天下午，他到场里来找我，说明来意后，要求我和他比划比划。我说现在上着班，不方便。咱们推推手吧，他说行。搭上手以后，我说你可以任意抽手打我。可过了半天，他突然停止比试。说想拜我为师。我问他为什么，他说他的老师嘱咐他，如遇到能控制你的行为，甚至攻防意识的，就是武林高人。您跟我推手我感觉要抽手、起腿，肯定吃亏，换句话说，也就是我抽不出手，踢不出腿，所以我心服口服，要诚恳地拜您为师，请您答应。由于他和我岁数相仿，我说咱们算朋友吧，他不肯，一定要拜。我说好吧就半师半友吧！几十年下来我们已成莫逆之交。由于他既聪明又肯下功夫，拳技日新月异，当下已在广东授徒课业传承意拳。

在我一辈子以武会友生涯中。恩师的谆谆教导、金玉良言始终铭记在心。首先有关为人处世应有的境界：第一办横事，不说横话。第二有关应付技击的原则：保持肩架挨不了重拳。第三应敌要旨：你打你的我打我的。有了这些原则，肯定不会在实战中吃亏。

感谢恩师的在天之灵，佑我拳路。弟子幸不辱命，告慰先贤。

桩功之研究

中华武林繁花似锦春兰秋菊，各门各派都有其独特的站桩功法。"要知拳真髓，首由站桩起"。桩功在中华武学中地位显赫，意拳更是把站桩放在训练的第一位，以至于有人干脆就把练意拳的人说成练站桩的。本人自幼习武，少年时期在天津穆成宽先生门下练过站桩和少林十三势。穆氏站桩，马步低姿，功力深沉，一站就是40分钟。世界蛙泳冠军穆祥雄，就是凭着深厚的站桩功所成就的腿部力量登上蛙泳比赛的世界最高峰。穆老爷子训练穆祥雄几乎到了残酷的程度。穆祥雄在站马步桩的时候，背靠墙壁，头上有一个钉子悬着，臀部下面有一个钉子顶着。练到多累也不敢马虎。我们站桩虽然没有祥雄那么艰苦，也并不轻松，我本人就凭着站马步桩，在数年连续获得天津市少甲蛙泳冠军，并以优异的成绩被保送北京体院。刚入学我不会单脚起跳，但双脚起跳可以轻松地摸到篮筐，这都是站马步桩的结果。在游泳队有我的岁寒三友：王竹、王松、王梅，老大王竹是我的金兰大哥，他的姥爷就是大成拳宗师王芗斋。只要他在天津，我就会缠着他老人家要学大成拳。架不住我的软磨硬泡，老人家就叫我站大步托天桩。我勉强站了5分钟，就坚持不了啦。老人说："你练不了这个。"其实他是在累傻小子。这是我第一次接触意拳站桩。我真正练习意拳站桩是在1985年入京赴学后，拜在意拳亚圣姚宗勋先生门下开始正规学习意拳。在学拳的头一年，老实讲真不知道站桩是干什么的，有什么用。初习意拳，我每天至少站一个半小时的浑元桩。学校每天晚上熄灯以后，我就偷偷跑到球场后面的空地上去站桩，不管是酷暑蚊虫，还是大雪纷飞，天天如此。曾经多次被巡夜的院长、系主任抓住询问，我都以神经衰弱睡不着觉为借口搪塞过去。每个星期天我都会到中山公园水榭，去姚先生那里练站桩，一站就是一个上午。多半年时间老师都不讲什么，甚至有的时候到了中午练功结束时，他老人家都走远了，有人提醒他还有个学生在站桩那。老师才说："家骢，回学校吧。"我想这就是老师在考察我是真想练拳还是有其他的打算。以我现在对站桩的认识，在我的日常教学中，从来不去要求学生们再像传统的意拳训练那样去傻站桩。我以一个现代体育教练员的姿态，先叫学生们弄懂站桩的目的再去下苦功夫。不错，站桩在意拳训练中占有最重要的地位，但不懂它的真正意义，就糊里糊涂地站上几个小时，那就真正成为十足的笨蛋了。听说有的意拳大师，通过站桩能练就不怕击打的功夫，还能无往而不胜，那纯粹是天方夜谭。在我熟悉的第二代意拳师叔、师伯中，有站桩功夫极深的大家，但他们多为从事养生教学的老师，说老实话这里面实在没有什么技击的高手，最多能够达到别人很难推得动他的程度而已。

站桩只是一种形式，所谓中正平稳之站立也。养生桩意念简单，站在那里，想着鸟语花香、风和日丽就够啦。技击桩可就不那么简单了，除了意念要不断更新，重要的是要向里面装东西，也就是说要进行大量的基本功训练。好像一台电脑，看上去只是一个平板，但没有各种程序的输入那就是个废物。再如，一个空酒瓶，里面装上什么酒就是什么酒，至于是二锅头、五粮液还是茅台，那就不好说了。意拳最宝贵的基本功，是神龟出水、摇旋，这是练技击桩必须要掌握的功夫。身上有了这两个功法的结合，再做任何试力的时候，才会有了意拳的基本味道，也就是说任何试力、发力都离不开神龟出水和摇旋的影子和神韵。技击桩最初的意念是抱树。就是站浑圆桩的时候，意念要想着抱着一棵树，这棵想象中的树，要和自己的手臂、腿纹丝对缝。要用意念利用整体去扒树皮、合树皮、抬树、栽树、摇晃树，这就是培养将来技击实作的所有方向的用力程序。至于需要输入的基本功，就要看每个人的训练程度了。根据我本人的练功体会，大致有拃绳、翻饼、老罴搬缸、鬼扯钻、猴扇风、甩沙子等。这些基本功平常以单操手的形式练习，待动作熟练以后，逐渐加入站桩的训练中去。芗老有如下的精彩论述："大动不如小动，小动不如不动，不动之动乃生生不已之动。"就是说要在看上去不动的站桩中去加入这些单操手的意念活动。只有经过这一个级别的意念支配下的站桩，才能达到技击桩的最高境界。所谓试力是动起来的站桩，站桩是不动的试力，就是这层含义。平常人们议论一个人的功夫程度，经常有这样的说法：这个人身上有东西，那个人身上没东西。具体是什么东西则说不清楚。其实所谓"行家看门道，力巴看热闹"。看什么呢，无非看有没有如神龟出水、摇旋、鬼扯钻等基本功是否在内。至于在意念中加入"三尺以外、七尺以内如有巨敌，以及毒蛇猛兽蜿蜒而来，我则以大无畏精神应付之"这样的想象，那时的站桩已达到了技击桩的最高境界。意拳初学者没有必要站桩初始就加上这样的意念，因为你的身上一点儿"东西"都没有，还谈不到这种高度的练习，所谓欲速则不达。真正练到这种程度，你就会发现，你的全身都会起鸡皮疙瘩，别人会看到你的脸色大变，目光灼灼。自己则感到毛发如戟以待其触的临战应敌的精神状态。站桩练到这个时候才可以说得到站桩的拳学真谛。一言以蔽之，站桩既有意念的精神输入，又必不可少需要输入物质的内容，那就是基本功。

综上所述，我的观点：千万不要认为，光站8个钟头的桩就大功告成啦。意拳强调的是神经支配、意念领导。学习意拳不存在不动脑筋的练功者，也不存在偷艺窃技所谓"攞叶子"的问题。技击桩为的是培养全身的协调整体用力，也就是所谓的"整"。特别注重争力的养成。所谓争力，就是方向相反、大小相等的矛盾用力。意拳的争力最重要的有三个：一是上下争力，所谓争力之枢纽在于上下（具体的动作关键在于胯部的伸缩，也就是所谓的大腿根儿闹鬼儿）。一条垂直的绳索横向拴上数条短棍，当垂直的绳索松软的时候，所有横着的短棍也是没有任何力量的，只要你把垂直的绳索上下抻直的时候，一下子所有的横棍都会挺直有力。所以站桩的时候周身必须挺拔。第二个重要的争力是前手与颈后之争力。第三个重要的争力,是左右两手之间的争力。这是技击桩是否舒适得力的重要标志,也是浑圆力六面力的培养手段。所有意拳的发力都离不开这三个主要争力的体现。意拳训练到了一定的高度。你会在一个要睡未睡的蒙胧间,突然梦见有人凶猛攻击,这时你会全身一个激灵,甚至能够从床上弹起。这就是"花钱难买激灵颤"。但是等你清醒过来,再去找那股劲儿,就怎么也找不到了。真正能够在任何时候都能做到"激灵颤"的,只有意拳宗师王芗斋和意拳"亚圣"姚宗勋啦。这就是王老所说,他把人放出去,不知道用的什么方法,和姚先生所说他输给我师爷也不知道是怎么回事的神奇现象,也是我们意拳后人全力要追求的意拳"珠穆朗玛峰"。

试力浅释

　　试力是意拳训练中最繁难的一项工作。它包含的内容无边无际，包括的范围最广，操作起来很不容易，认识它的庐山真面目更难。有许多练拳的人，在这一训练过程中掉了队。也有的人练了一辈子意拳，还不知道试力为何物。在通过站桩训练，逐步有了对拳劲儿即浑元力的初步体会和认识以后，会感到身体四周都有阻力存在。在这个基础上就要进一步学习试力，不然的话将会停留在站桩的台阶上，失去了运动的乐趣和机会，慢慢就会成为所谓"不会动"的人。试力为承上启下之中心环节，与技击应用的成败有极为密切的关系。所以，练习意拳，特别是练习技击的人，要对试力有足够的认识。姚宗勋先生曾经说过："你们要在40岁以后才能懂拳。"当时不理解老师的寓意，到了我们真正过了不惑之年，方才醒悟。原来最主要的错误认识就是对试力这种练习不以为然，总觉得年轻力壮练这玩意儿跟老头打太极拳似的没劲，不如打沙袋痛快。现在当了老师，面对今天的年轻人，我们必须说服他们重视试力练习，不要重复我们的失误。

　　芗老说："力由试而知，更由知而得其所以用。"这句话简明扼要地概况了试力的目的和作用。用现代体育的通俗说法，试力就是模仿动作练习。比如乒乓球运动员对镜慢动作挥拍、游泳运动员的各种姿势划手练习等。具体地讲，在站桩中，用意念假借，体会到身体上下、左右、前后都有引力的实感。这种实感的培养和获得是在身体位置相对静止的状态下培养和强化的。但我们很快就会发现，一旦我们稍微动作幅度大一些，原有的阻力实感一下子就消失了，也就是找不着劲儿了。而当我们重新调整好站桩的姿势时，这股子劲儿回到了我们的身上，又摸得着了。于是就提出一个新的课题：怎么样把站桩所获得的拳劲儿运用到运动中去？这由静到动的中间催化过渡的任务就交给了试力去完成。试力的目的就是要在动起来以后，用意念诱导，继续掌握争力，体会在站桩中培养的浑元力，在肢体有位移的情况下，仍然能够均整得力，运用自如，为随机随势任意发力创造条件。从这个意义上来讲，试力可以说是站桩在空间的延伸，是从静到动、动中求静。也可以说试力是动起来的站桩，站桩是不动的试力。

试力，试什么力呢。按照武术的传统说法就是浑元力，通俗一点说法就是上下、左右、前后之六面力。要了解六面力，首先要弄明白解剖学的三轴三面，即所谓的垂直轴（上下）、矢状轴（前后）、额状轴（左右）、水平面、额状面、矢状面。搞懂三轴三面，我们在叙述技术动作的时候就方便多了。初练试力时，可以先用手去感触外界的阻力。因为人体手的感觉最灵敏，试力即应由手入手。开始练习试力，可以采用分解法，就是把前后、左右、上下分开练，比如先练前后，再练左右，再练上下。要特别注意，不管练哪一个分解练习，都要强调动作的来回劲儿，即又去又回。也就是说往前时要想着往后，往左要想着往右，往上要想着往下。到分解练习熟练以后，即可以把已掌握的技艺进行综合练习。经过这样的方法，我们将很快地掌握初步的试力。大家看到过《动物世界》里面介绍的变色龙吗？变色龙的动静就非常像我们意拳练习试力的状态。试力应从手部开始。芗老有一句名言："赢人全在于手腕之变化。"我们从练习试力之始，就应该重视手腕。具体来说，如果手心向下、手腕往里拨，手腕应该沿水平面小指一侧外展，保持拇指方向凸出。反之，如果往外拨，则应该拇指沿水平面内扣，使小指一侧成凸状。这样做的结果是用的是杠杆力，而不是简单的直接用力。为了更好地理解，我们举个生活中常见的例子来形象地表述。大家都看到过拉二胡，注意演奏者在往外拉弓的时候一定是扣腕的，往里推弓的时候一定是扬腕的。如果反过来就闹笑话啦。拉小提琴也是这个道理。以此类推，举一反三，手腕的变化应该随着形势的不同，在和对方接触的地方，都要注意究竟是用凸面还是凹面。比如双手在上应该扬腕、双手在下应该扣腕等。待至手上对外界阻力有所感觉以后，用与其阻力相当的力量与之应和，这样去做自然无过亦无不及，正当火候。待手上有了感觉逐渐用全身去试。试力时要求身体平衡均整，骨骼支撑，关节松灵，筋肉弛张，有似松非松之意。运转起来，慢优于快，缓胜于急，但又不能停下来。做的时候还要一处动为全体动着想，即所谓"一动无不动""牵一发而动全身"。试力的动作越小越慢越有效果。欲速则不达，容易将体会和认识漠然滑过，徒耗时日，事倍功半，实不可取。这就是为什么我们在教学中要不断提醒把动作放慢、再放慢的道理。意拳理论在描述试力的时候经常用徐徐、缓缓、慢慢的字样，因为只有这样才能保证技术动作的纯真，否则一旦形成错误的动力定型，要想纠正就非常困难啦。试力大动不如小动，快动不如慢动，要做到欲动又止，欲止又动，动犹不动，不动犹动之意。这样做的目的是牢固地掌握运动技能。按照运动生理学的理论，任何运动技能的形成都离不开三个阶段，即泛化、分化和自动化。只有慢，才能更好更快地掌握运动技能。对试力的进一步要求是，在微动中求速动，要动中有静，静中有动，动作越细微，精神越能宁静集中。初习试力用意不用力，其神态有如空中旗、渊中鱼，空中旗飘摆无定唯风力是应，渊中鱼形似不动，实则运用波浪之松紧及上下、左右、前后水力之呼应，在不断地掌握与控制平衡。高空的老鹰也是在调整下的微动，形似不动。试力到了精熟阶段意力不分，意到力到。再往后深入训练，则大动、小动、快动都要试练各种节奏，匀速与变速都要体会，并且要打乱顺序以接近实战的需要。在练习中更要体验周身是否舒服得力，假借能否成为现实。整个训练过程都要像芗老所训诫的那样，问一个"为何有此一动？"如此做去，自不难日新月异，一旦有所得，自有不可思议之妙。试力通俗一点儿来说，就是摸劲儿。这里所谓的劲儿，是具有技术含量的力。首先我们要认识争力的概念。所谓争力，就是两种力量相向而行，比如上下、左右、前后都能构成二争力。意拳主要争力有三，一是头顶和两脚之间上下的争力，二是前手和颈后前后之争，三是两手的左右之争，其中，争力之枢纽在上下。意拳很多的时候都是相对用力，比如前脚向前发力，后胯要往后争，出前拳后手使劲儿等等。体会争力，也要用分解练习法，即先单练前后、再练左右，再练上下，最后进行综合练习，以求达到全体浑然一争。

如果说起需要掌握的试力内容那不得了，名称甚繁：蓄力、弹力、惊力、开合力，以及重速、定中、缠绵、撑抱、惰性、三角、杠杆、螺旋、轮轴、滑车、斜面等，总之有试不完的力。虽然试力如此烦琐，但我们根据不同学习阶段不同需求，可以从简到繁按部就班，决定练习试力的内容。初学试力可以从推手时候需要掌握的三种练习开始入手。然后举一反三，逐步增加试力的内容。

意拳试力的设计基本有两种目的，一为提高专项身体素质，二为学习掌握技击技艺。比如"蛇缠手"是体会螺旋力，"背手桩"是体会斜坡力等。现在给大家介绍的三个试力，是最基本的试力。首先介绍饴糖试力，饴糖试力是模仿双手在下时候的技术过程。开始动作从抓球桩起，扣腕向上举顶，待对方抵抗往下压时，就感觉和他的手臂挂上了钩，接下来就要旋转手腕两肘外撑，利用左右之争力，打开对方胸前的门窗，打不开门窗怎么进去呢？然后手心向下摁住，向前模拟揉面的动作扬腕提肘，通过杠杆力、摸索力与之缠绵。您看这里面就包含了意拳试力的设计原理，同时体现了手腕之变换、螺旋、杠杆之利用。第二种试力，叫扶按试力，是模仿双手在上时候的技术手段。从抓球桩开始，手腕从扣腕过渡到扬腕，好像要用两手把浮在水面的球按入水中，此时两肘应高于双腕，然后设想利用水的浮力体会双手向上做退让工作，从双手扬腕恢复到抓球之扣腕，如此反复做扶按试力。在做上下浮按的时候，不要忘记两肘左右的外撑。第三种试力叫偏挂试力，是模仿一手在上一手在下时候的技术过程。在上一手应扬腕，做由内向外的捻撑，而在下一手应扣腕，做手心向外的旋转至掌心朝前。在做以上练习的时候，要特别注意手腕与肘关节的相互运动。也就是说，如果手腕往下压，那么肘关节应该上抬，如果手腕向外挂，肘关节则应内拐。就是说这头的事要想着那头才是关键。

通过以上的论述，我们可以基本了解试力设置的目的。如前所述，一是为了有效提高专项身体素质，二是为了学会某种专项技能。意拳"拳本无法，有法也空，一法不立，无法不容"。所以看上去，意拳不讲究一招一式，但其所包含的方式方法又无尽无休。那怎么办呢？只好根据每个人实际所需要掌握的专项身体素质或运动技能，相应地设计调整试力的具体内容。换句话说，就是缺什么练什么、补什么。姚宗勋先生对这个非常复杂的问题，留下了异常珍贵的妙语连珠："练这练那，不如设法提高你的身体素质。如果通过试力把你的两条臂膀训练成两条蟒蛇，加上周身的协调性，你还应付不了技击吗？"这种认识及训练方法显然比一招一式的练法先进啦。

意拳训练有一个非常好的现象，就是搞懂了一种原则，能解决一大堆实际问题。比如，弄懂身动带动手动的原则，那么什么试力方法都能够做得很好，否则将一无是处。按照芗老的说法："手一动便是错误。那咱们谁也无法练拳啦。"其实芗老的真正意图是要身勤手懒。因此所有的试力都要注意，用身体去带动手做动作。比如手要想往右拨，那么一定身体要向左移动，手要想往左拨，身体则应该向右移动，即身体与手的相对运动。以此类推，举一反三，所有的训练都要符合身勤手懒，也就是手少动的意思。说到相对运动，更是意拳训练一个非常重要的拳理原则。拿分水试力来讲，芗老说："试力如同在空气中游泳。"就是说手往后划，身体一定往前去，手往下压，身体一定会上浮，手往上撩，身体一定会下沉。空中飞翔的鸟儿，双翅向下扇动，才会正常产生向上的浮力，设想如果不是相对运动，而是一顺边，那么这个鸟儿非摔死不可。是不是这么个道理？

还有一个重要原则，那就是"意拳在十字当中求生活"。搞懂了这一重要原则，能够解决一系列的实际问题。武学谚语中有那么一句话："身似弓弩拳如弹。"说的就是十字的工作原理。通过上下的延伸，产生向前的弹力，所以意拳很多练习都离不开这个工作原理。比如正发力和冲拳都需要前腿的大腿根伸展，而后腿腘窝处通过关节的伸展，才能产生十字弹力,这在中国跤的动作里面叫"崩",意拳叫"甩黏糕"。要想把黏在腘窝处的黏糕弹出去,就必须通过十字工作原理来完成。

意拳,"授人以鱼,不如授人以渔"。综上所述,意拳不讲究有多少招式方法,而是特别注重拳法的原则原理。这就需要大家在从事意拳训练的时候,更多把注意力放在:为何有此一动,这一动究竟为什么?一言以蔽之,一切动作技艺都要动脑筋,徐徐、缓缓、慢慢地揣摩,欲速则不达。正所谓拳拳服膺谓之拳。

意拳推手之我见

中华武术博大精深，各门各派都有自己独特的推手功夫，百花齐放，五彩缤纷。意拳作为拿来主义，广泛吸取了百家精华，逐渐形成了独特的推手训练实用方法。意拳技击训练把推手放在一个非常重要的地位。宗师王芗斋先生在论述意拳实战中说："推手为补断手之不足。"我们在日常的实战观摩中，比如拳击比赛，经常遇到双方在缠斗，无法分开，只好等待裁判发出停止或分开口令，再重新开始比赛。但我国传统的实用技击手段，讲究求远拿近打靠身摔，于是就产生了双方手臂肢体接触缠绕的打法，训练这种打法的手段就是推手。推手技艺是我们中华民族特有的技击功法。意拳在推手训练中，注重技术的实用性，一切从实战出发。王老说过这样的话："打人你着什么急。"意思就是说，你把人捆绑起来再打，不是更省事吗？这样通俗易懂的道理却难以汲取，正所谓不识庐山真面目，只缘身在此山中。在刚开始接触并学习意拳的人们中，包括我们的恩师姚宗勋先生他老人家在内，往往对推手技艺有所忽略。姚先生在断手达到了一定高度以后，他的大师兄韩星垣先生提醒说："宗勋，你如果不重视推手，断手功夫也就到此为止不会提高了。"从那个时候起，姚先生开始在意拳推手方面拳拳服膺刻苦钻研，不久后便登峰造极，在技击实战水平上，一览众山小。在之后的比武切磋中如虎添翼游刃有余，在武林有了令人称佩的畏威怀德之盛誉。一些年轻人在开始从事意拳技击训练的时候，都往往不重视推手练习，错误地认为推手是一帮老头在绕圈儿玩儿。

我本人亦未能免俗，拜师入门只喜欢练断手实战，觉得这才是真功夫，过瘾。直到后来恩师严命，叫我跟白金甲师兄学习推手，我才正式接触意拳推手。白大哥为人忠厚真诚，非常细心地教我推手，和大哥一搭手，我就感觉到被控制得动弹不得，他像耍小孩子一样，想让我在哪里坐下就会在哪里坐下。通过实践，我认为白大哥在姚先生的学徒诸生中，推手技艺绝对堪称魁首。在后来得识的师兄弟之中，姚先生认为李鸿锦（虎子）师弟的推手极具代表性。自从开始学习意拳推手，我的实战水平与日俱增，尝到了在实战中运用推手的绝对妙处。后来我再遇到拳击对手，不管他是多么高的水平，我都能占到很大的便宜。通过与拳击界的友好往来、交流、切磋，逐渐增加了我对自己实战经验的自信。有一次我请杨绍庚、张立德二位先生到我家吃饭（杨师叔与张先生是同窗好友，张先生说他对意拳非常喜爱、当年准备拜姚宗勋先生为师，后来由于某种原因错过机会），在交谈中张先生问我："家骢，你在体院学拳击的时候，有没有阻挡的方法？那多有用啊，现在怎么看不到了。"张先生所说的阻挡手段其实就是通过主动扶按对方的前臂或拳套来制造进攻的技术，这和意拳的接触打法异曲同工。意拳就是通过推手练习，解决双方肢体缠绕时的独特技艺。在实战中，不可避免地发生双方两臂交叉缠绕的情况，或者是单臂，或者是双臂。根据实践经验，意拳单、双推手应运而生。所谓单推手就是双方以单臂相接；使用双推手就是双方两臂相绕纠缠。推手就是要通过特殊的技艺，控制对方的进攻手段，使对方无计可施。在推手的过程中，因外力作用之下，动作不停地产生变化，同时也要保持力量平衡，既要保持自己的平衡，还要破坏对方的平衡，打乱对手的平衡状态，在对手正在为稳定自己重心而重新调整步位平衡时，要掌握稍纵即逝的时机，猝然或发或打之，胜负立决。

　　推手是在有了意拳基本功站桩功的深厚积累上，经过一系列的试力、走步、发力、专项单操手练习，之后方能逐步学习过渡到推手练习，否则不易有得。首先，我们从试力功法的设计和实用来做分析。其一，钩挂试力是模仿自己的双手在对方下面的情况下的模仿练习手段。其二，扶按试力是自己的双手在对方上面的情况下的模仿练习。其三，偏挂试力是自己的两只手，一手在对方下面而另一只手在对方上面（或左上右下，或右上左下）的情况下所做的模仿练习。从这样的设计，不难看出其目的所在。因为双方手臂的缠绕无论如何都超不出这三种形式。至于推手最应具备的单操手基本功，就是"蛇缠手"。掌握了蛇缠手才能使双方打起轮儿来。从定位推手过渡到活步推手，还要掌握意拳的独特步法（三角摩擦步），因为意拳是两面攻防，也就是不分左右式，所以通过摩擦步不断转换双方构成的态势，以接近实战的状态。至于各种试力和摩擦步的具体练习方法，可查阅各种关于意拳的书籍或通过网上查阅技术录像即可，限于篇幅这里不能详细论述，望谅解。

平常我们在练习站桩、试力、单操的时候，不但要注意意念活动，同时也要注意每种站桩、试力、单操所包含的运动力学实际内容。芗老说："每一动，都要问为什么？"例如，浑圆桩是意拳技击的基本间架，所谓由两肘和颈后组成的"金三角"，是所有培养浑圆力也就是六面力的基础。抓球桩是双手在对方手臂下方最有力的运动态势，背手桩则是在抵抗不了对方下压的情况下让自己的双手下垂并利用斜面的原理最大程度地克服对方的压力，同时做好了反击的准备。以扶按桩来分析，肘部高于手腕所产生的力量是杠杆力，也就是撬动的力量。所谓撬动就是要考虑力量的使用，不能只想着简单的一头用力，而应该从另外的那头去考虑。比如手腕往下压要往上抬肘，钩挂对方，不能只想用手腕去拉挂，而应该考虑肘关节往前顶。说通俗点儿，也就是这头和那头的意思。站桩间架的重要性就是始终保持外撑里裹的斜面，大小关节之所以保持钝三角，也就是所谓三角力。芗老说过："赢人全在于手腕之变化。"所以我们在练习各种试力的时候都要注意手腕状态，要用手腕部的凸面应对来力。比如在下就要扣腕，在上就要扬腕，在对方手外，腕的曲折就应该是要凸出拇指一侧，而在对方手内相反，就应该凸出小指一侧，只有这样才能产生应有的物理力量。再说说推手最重要的基本功——"蛇缠手"，只有掌握蛇缠手才能学会意拳推手。蛇缠手产生的力是螺旋力，通过这种专项训练，能极大地提高两臂的运动能力。姚宗勋先生教导我们："把你们的两只胳膊练成两只蟒蛇，你还怕什么。"不难想象，如果自己的双臂像蟒蛇一样的灵活、缠绕，速度变幻莫测那就真的不得了。综上所述，我们在练习意拳推手技艺的时候，要特别注重运动力学的研究和利用。总的来说，无非就是三角、杠杆、斜面、螺旋等力学原理在推手中的重要使用。意拳训练不但要求刻苦，更要动脑子，所谓"学而不思则罔，思而不学则殆"。

在意拳训练中，还有一个非常有趣的地方，意拳不讲求招法套路，但特别注意训练的原则，往往解决了一个原则的认知，就会带动一系列问题的解决，比如，肢体相对运动的原则。游泳时，手往后划水，身体自然会往前走，自由泳、蝶泳时手往后划水，肘关节一定要往前顶，排球扣球，手腕往下，肘关节一定要往上提。这都是相对运动。意拳的基本拳法是崩拳，也就是所谓不直的直拳，讲究前手打人后手发力，也就是争力，相对运动之体现。在推手的运用中，要想把对方拉过来，不如将自己拉过去；要想把对方横向偏开，不如利用步法把自己身体偏到对方侧面去。这都是相对运动原则的利用。芗老有一句非常经典却难于理解的名言"手一动便是错误"。练拳不让手动，怎么行？其实芗老的意思就是身体要勤劳，手要懒惰。无论是摇旋、神龟出水等重要的意拳基本功，都会强调身动手不动的原则，这一切都是培养相对运动的训练手段。

武术界有一种秘不外传的说法，其实也没有那么神秘。本人以上拉拉杂杂的每一句话，都可以认为是意拳功法的绝密。但是由于文字水平所限，不能尽诉胸中夙愿，只好悉听尊便，货卖与识家而已，也就是有缘千里来相会，无缘对面不相逢。还有一个重要的训练原则，那就是芗老所说"意拳在十字当中求生活"。所谓十字就是凡事横往竖来想，竖往横来想。举个最简单的例子，要想一个坐在椅子上的人不让他站起来，不用去从上往下压他，而只要用手指去横向推他的脑门儿就行啦。在推手打轮儿的时候，不要划横向的圈儿，而要划前后的圈儿，这时就会发现划前后的圈儿更具有攻击性。同样内外分手也应该由左右划圈儿，变成上下的枣核状竖圆儿，道理如前。特别是在完成下肢重要争力，也就是前膝与后胯相争发力的时候，绝不能想着前后直线来争，一定要在前脚落地的时候往横向发力，只有这样才能体现稳定得力的良好效果。再如单推手不要划平面的圈儿，而要按十字原则，划上下前后的竖圈儿，通过实践你会发现效果绝对不一样。其他地方如横冲直撞等都是十字当中求生活。

在推手练习的时候还有一个要特别注意的地方，那就是"点"。所谓点，就是双方两臂交叉接触的地方。因为意拳推手服务于散手，为补断手之不足，所以推手要立足于打。因此推手当中，"点"要有指中的念头，所谓指力。具体的想法就是点始终要有冲击对方口鼻部位的意识，有时是左手的点指，有时是右手的点指。由于对方在两臂交叉的点上有阻挡，才产生不了自然伤害，于是就产生了一个非常重要的意识，那就是不能脱点，因为脱点会造成严重的肢体创伤。推手还有一点要注意，那就是始终要保持来回劲儿，不能只推不拉。在推手的过程中最容易犯的一个错误就是勇往直前，也就是一味地往前推。一定要保持推拉互用，这手推那手拉所产生的扭力会形成力偶，使对方倾斜失重。总之要有来回劲儿，才能有效果，所谓"鼓荡"就是这个含义。说通俗一点，就是来回逛荡。意拳推手最应该弄明白的重要原则是"缩即发"。缩即发包含很多深刻的道理，其中相对运动是要认真思考才能清楚理解其中的奥妙。看起来手的确是往回缩，但是整个身体都向前撞去，所产生的力量是全身的"整劲儿"。手往回缩是支撑部位的加强，整个身体的撞击才是发放的力源。发放力体现的应该是弹射的状态，而不是简单的推力。以上是练习意拳推手必须了解的最重要部分的原则原理。

开始接触推手训练的时候，可以在掌握了三角步和蛇缠手之后，找一个搭档进行最初的双人练习，什么都不用想，只是走步打圈儿而已，目的就是熟悉一下推手的过程。然后，就可以进行不含任何技术的实力推，也就是所谓"挖泥鳅"。再往后，可以采取陪练搭架子的训练手段，一个一个进攻手法的操练。这个方法是借鉴了中国式摔跤的陪练技术，也就是所谓的"跤筐"形式。实践证明这是一种非常有效的训练手段。在平日的练习中，不要强调谁输谁赢，那种从实力推练出来的所谓高手不过是"打熟儿"而已，对意拳推手之奥妙一无所知。科学的训练方法应该是循序渐进，一步一个脚印。在具备了优秀推手技术之后，最终的训练就是要为技击实践服务所应具备的"半搭半断"。推手使用的是推撞的力量，而不是打击，所以能够保证训练的经常性和安全性。更重要的是通过意拳推手练习，能够极大提高技击实战水平，也就是所谓的能起到"把人捆起来再打"的妙处。通过推手形式的切磋，在不造成任何伤害的情况下，即可分出高下。推手可以适用于竞技比赛，以推出圈儿定胜负。意拳高手给人的感觉，就是能够把你控制得技无所施。另外意拳推手还可以作为养生健身的手段进行练习，也就是取消发力，活步打圈儿，其效果会非常良好，同时也会产生很好的锻炼趣味。

意拳单操手功法蒙求

近年来先后有很多爱好意拳的朋友，通过电话或微信等形式，向我咨询有关意拳教学中单操手功法方面的一些问题。由于这方面的问题不是一两句话就能说清楚旳。所以我想到借《武魂·武道》贵刊一角，把我所知道的有关意拳单操手功法的全部内容，尽可能详细地介绍给广大意拳爱好者，一则偿还所欠学问人情债，二则温故而知新，盘点一下恩师所授之意拳秘籍。区区此心万望宏谅，不妥之处敬请批评指正。

任何武术门类都有自身独特的单操手功法，即使是套路练习也离不开单操。以少林寺和尚的马步冲拳为例，那种能把平地踏出两个深坑的练功方法就是单操手。其他诸如踢腿、涮腰、旋风脚；再比如中国式摔跤的崴桩、推砖、大小棒子、盘腿、长腰、耍磙子、抖皮条踢拉切别崩等都是单操。单操的目的有时是提高练功者的专项身体素质，更多的时候是强化某种技艺的超常手段。武术界有这么一句话："打拳不练功，到老一场空。"即使是套路训练，没有劈叉、朝天蹬、空翻等单练功法也完成不了全部精彩的套路。意拳以站桩为基础。技击训练的站桩和练习养生的桩法有很大的不同。站桩好比一台计算机的屏幕，看上去没有什么妙处。只不过是一张平面荧幕而已。实际上电脑的优劣全在于它的内部存储，也就是所输入程序的多少。技击桩表面上就那么一站，但是其中要输入的程序就太多了。需要输入的程序既有精神意念方面的内容，具体物质内容的输入也是必不可少的，而这物质内容就是单操手。意拳是一种庞大的系统科学训练法，它的结构组成包括站桩、试力、试声、摩擦步、单操手、操拳、单推手、双推手、半搭半断、实战、器械等。其中单操手是不可或缺的重要成分。平常我们观看评价一个练功者的时候，最常用的一句话就是，这个人身上有东西，那个人身上没东西。俗话说："行家一出手便知有没有。"这里所谓的东西，在意拳界往往就是看他所掌握单操手技艺的程度。下面开始为大家详细介绍意拳单操手。

摇旋：摇旋是意拳单操手中最重要的练习。双脚平行开立，双手胸前四指朝上，手心向前，高不过眉，低不过脐，向外推不逾尺；向内抱不粘身。所谓摇，是指身体与手做平面的相互运动。此时最重要的技术要领，就是身动手不动，手一动便是错误。应该像霹雳舞那样，双手在不动的情况下，把身体左右平面移动，要求头直目正两肩不可倾斜。所谓旋，就是身体沿脊椎与两手做相对圆形运动，顺时针、逆时针都要做。这个练习最常见的错误就是手太勤谨。特别注意的是要用身体去耍手，而不应该是用手去耍身子。再说通俗一点就是手懒身子勤。

神龟出水：神龟出水是意拳单操手中具有很高代表性的训练手段。我的恩师姚宗勋先生对这个名称非常反感。他老人家和最早练拳的几个老徒弟们说："什么神龟出水，不就是旋转试力吗！"但大多数意拳爱好者，不理解姚师的一番良苦用心，市面上依然习惯使用神龟出水，这里未能免俗只好沿用。神龟出水的具体练法，下肢底盘采用伏虎桩姿态大步前三后七，后退大腿根儿部似夹一纸，前脚五趾抓地，前膝髌骨处力向前指。保持前膝与后胯的重要争力。上肢采用放大的撑抱桩模仿京剧中起霸的样子，前手和后手形成两个圆环，开始练习的时候，依然要注意手要保持不动的高度，然后以头部为主导，降低重心后腿下蹲，头部从后手形成的圆环钻下，不停顿蹬地起身使头部从前手形成的圆环中钻出，返回起势，即可完成一次神龟出水练习。需要注意的是，第一尽量减少转体，身体下降的同时后肩应向横移。第二，整个动作要保持目视前方不可低头。武林界有一句俗话说："低头猫腰学艺不高。"

内外分手：平行步开立，两手高举手心向前，左右手轮流在面前划枣核般立圆。由内向外为外分手；由外向内为内分手。在做内外分手的时候头部应该要相对运动，也就是说手往左划头往右移动，手往右划头往左移动。始终要保持战斗的间架。也就是后手保持防护状态，前手保持攻击状态。拳谚云："两手结合迎面出。自然保定五道关。"在内外分手的基础上，两手同时做交叉外分、内合，头部也要相对运动保持战斗间架，即为十字手。这些都是临战与敌游斗所采取的长态。

蛇缠手：平行步浑圆桩起势，右手从拇指一侧旋内至背手手心，向上、向右转体保持手心向上，后上45°伸出注意不要伸直，手腕旋外至手心向上平削至胸前完成右手一个完整动作。左手动作反其道而行之。熟练后左右手轮流协调进行。蛇缠手是意拳双推手必备的基本功。蛇缠手培养的是螺旋力，这个动作在日常生活和工作中很难遇到。姚宗勋先生曾说过这样的话："能把你们的两只臂膀，练成两条蟒蛇。还有什么可怕的对手吗？！"

摩颈：站坐均可，用自己的下巴颏自左至右，或自右至左在颈下摩擦滑动，即为摩颈。拳谚云："喉头永不抛，会遍天下众英豪。"

毛巾甩睛：用一条干净的小毛巾，慢慢地往自己的眼睛上抽动。目的就是克服临战闭眼睛的毛病，这样的做法安全有效。此外轮睛也是必要的眼睛功法。

放风筝：大步撑抱桩，设想前手手指连接高空风筝的细线，用全神贯注整体均整的状态，唯风力是应，控制风筝的高低升降。要用意念体会连线的细微变化，若有其事；以形取意；以意象形；意自形生；形随意转。要像王景愚小品《吃鸡》那样，叫人看上去真有那么回事似的。同样需要用整个身体去支配手指，体会微妙之意趣。至于前手的高低正反则任意而为。

翻饼：平行步浑圆桩两臂似抱一个圆的饼铛，设想饼铛上放一张烙饼。然后大腿根部做下蹲起立上下颤动，此时要设想通过大腿根部的颤动，把饼铛上的烙饼或正或反地翻转。特别注意手臂不应该主动有所动作。而应该体现是大腿根部颤动产生的动力所致。这个练习是《争力之枢纽在于上下》的意拳发力之重要原则的充分体现。说通俗一点，意拳发力最重要的就是大腿根处之"闹鬼"。也就是说翻饼练习是练习意拳发力不可或缺的单操手。我特别提醒学员，要经常看一看举重运动员提铃至胸的动作过程，没有大腿根部的那一下伸缩，也就是说髋关节保持直立不许有动作，那么谁也完成不了提铃至胸。

搬缸：也就是所说的老黑搬缸。平行步托抱桩起始，好像在抱一个极重的大水缸。然后要设想抱着缸移步，当然由于缸太沉重，只能慢慢地向前蹭。要设想自己的身体像一扇大门，门轴安在肢体的一侧，而不是安在中间脊柱处。在搬动水缸的过程中，几乎是向前也就是移动半个厘米的样子，而不可能像抱着一杯水那样轻松走动。意念要真切，看上去得像那么回事。这个练习是培养整体用力的有效手段。特别应该注意的是头部要保持挺拔，身体不应该堆萎。

指天化地：按现代体育用语就是上臂前后绕环。这个练习看上去没有什么了不起，但开始做的时候还真不是那么简单。因为在平常的生活和工作中我们很难遇到两只臂膀做方向不一致的动作。在技击训练的过程中恰恰相反，两只胳膊经常要做动作相反的动作。所以上臂前后绕环就是培养双臂协调动作的很好方法。要注意动作幅度的尽量延伸，能划多大圈，就要划多大圈。练习这个动作，有一个窍门，那就是用两只手同时在面前划一个同方向的圆，越划越大，这时你就会发现上臂前后绕环，自然就会完成啦！

涮筒子：行站坐卧姿势不限。设想自己的前臂好像一只空筒子，装上半筒水，然后，意念想想利用前臂的内部转动或正或反要把里面的水涮一整圈儿筒壁。这样的练习所培养的是非常重要的螺旋力。平常我们做的是肢体外部的转动，准确地说只是滚动，不能产生技击所需要的由内动产生的螺旋力。我们不妨两种方法都试一试，看一看它们有没有区别，哪一种方法更好些。

鬼扯钻：设想把一条长的绳索盘绕在前面高处的立柱上。然后两只手分别握住绳索的两头，像控制钻头那样来回扯动。一只手往后拉，另一只手则会向前，反之亦然。特别应该注意向前的时候，一定要送肩。这就是所谓鬼扯钻。训练目的就是连击。拳谚云："学会鬼扯钻，天下英雄打一半。"鬼扯钻又名鬼手断。

猴爬杆：下蹲双手手心向前呈抓握状。两手轮流似扒横梯引体向上，同时随手扒之力一步步缓慢站起，至呈托天桩为止，双腿似屈非直。然后反向两手轮流退扒身体随之下降至全蹲完成一次动作。如是这般，从形象上看即为猴爬杆。

崴桩：崴桩是卜恩富师伯亲授，为中国式摔跤基本功。卜先生说这个练习对技击实战会有很大帮助。平行步膝关节保持一定弯曲，双手膝前呈交叉状。开始以前脚掌为轴，双脚脚后跟同时向一个方向拧转，两手同步做左右之争力，此时头部应反方向拧转所谓变脸。转自脚与变脸是中国式摔跤必备之基本功。意拳采用拿来主义，凡是能有效提高拳法技术的任何优秀练功方法均可借用。

横肘旋踵：平行步浑圆桩起，身体下降，膝弯曲，双脚脚跟同时外撑，左脚左撑，右脚右撑。当往起弹的时候，在恢复浑圆桩的过程中，双脚自然同时恢复原位，不用特别注意。两肘配合以上动作做双向横肘，也是一横即回。这个动作非常有意思，也比较难掌握。但一旦掌握了这个动作，对你肢体的上下相连和整体用力会有极大的帮助。横肘旋踵与崴桩有异曲同工相辅相成之妙。

猴扇风：坐立均可。用手背向同侧脑后扇风，好像敬军礼敬歪了。可以单手轮流做，也可以双手同时做。这个练习有助于正发力的掌握，和湿手甩沙一个含义。

天王伞：这个练习需要两个人配合训练。陪练者双手抓住练功者的正面腰带。练功者双手握住对方的前臂，往自己的腹部搋压，同时收腹挺腹，利用反弹的力量将对方身体支撑向上移动，这就好像撑开一把雨伞一样，所以称天王伞。这也是练习发力的辅助练习。

霸王敬酒：丁八步技击桩浑圆桩形式，两手小指、无名指、中指微触掌心，拇指与食指呈鸟难腾持杯状。后腿膝、胯关节似屈非直，前脚脚趾扒地利用膝、胯之屈伸，带动手臂做前后顺时针转动，前手攻击对方的口鼻部位，即为霸王敬酒。这个动作也就是翻饼和天王伞的结合。注意膝、胯与小腹的伸缩配合。

恨天无把，恨地无环：平行步桩两手高举似握两环，膝、胯似屈非直。用意不用力，似乎要把天拉下来，即恨天无把；双手呈托抱形式似握两环，欲把地拉起来，膝、胯不应伸直，即为恨地无环。这个练习培养力整，克服腰部的松懈促进肢体的通联。

绕单鞭：平行步一手高举过头手心向内，另一只手与前手手心相对沿前手划大圆，正反亦可。要点注意前手位置不动，后手肩部要充分活动开。

炮拳（不直的直拳）：保持金三角间架。在鬼扯钻的基础上，意念上两手始终有绳索保持联系，也就是这手一动就会牵动另一只手。在出拳的时候，不要想前手怎样伸展，而要考虑通过后手往侧后方的拉动，把前拳弹出去。简单来说，就像两只手之间有一条皮条，猛然一抻所产生的那股劲儿，所谓："前手打人后手发力。"意拳攻防兼备，何为打何为顾，顾即打，打即顾，发手便是处。在练习出拳的时候，首先要做的是，先把自己的头部，往后手后隐藏，此时不用多想前手已然处于进攻状态。最可喜的是，因为动作的弹性，在完成出拳的同时就会恢复意拳的基本间架。这和机枪的运作一样，子弹打出去的同时，弹簧又恢复原样，以利再发。有人问意拳出拳太短，孰不知再直的拳，步子不够也打不到目标。所谓："手到步不到，打拳不为妙，手到步也到，打人如玩笑。"

栽拳：栽拳是每一个练习意拳技击的人的看家本领。所谓栽拳，就是从上往下栽打的拳。其动作好像自由泳的空中移臂，肘部高悬自上而下，肘关节折叠，拳心向外。同样原理，出拳时首先要把自己的头部隐藏在后手的后面，此时前手在几乎间架不动的情况下，已经打击到位。需要注意的是：左拳不往鼻右来，右拳不往鼻左去。一旦拳头过了中线，你就会发觉拳头已经打不出力量了。所以打栽拳头部的横向移动就显得非常重要。关于栽拳，还要说明一点，栽拳是从上到下的一种拳法。按照拳击运动的说法就是向下的勾拳。这个拳法，在拳击界已经弃用。原因是下方暴露的空隙太大。但意拳栽拳的打法是晚抬肘，当前臂碰到对方的前臂时，才利用压砸的手段把对方的前臂砸垮然后才吊肘下栽。这就是意拳技击的先进理论。要知："欲击虚处避实处，不知实处正是虚。"

勾拳：勾拳是鬼扯钻与涮筒子单操手的组合。把意念中的钻头放在很高的地方两手上下扯动绳索。一手从腰间向内45°往上攻击，攻击手的前臂就要做涮筒子的意念，打击力量的来源还应该来自另外那只拳头。也就是说那只手往下拉，牵引那只手往上攻击。左右轮换出拳。

环绕步一步一拳：技击间架，前脚往前迈出一小步，落地时前脚掌稍内扣，与此同时做炮拳攻击。要求前脚落地的同时，炮拳攻击到位。所谓："手脚齐到法为真。"左手在前行进路线构成顺时针的一个圆。右手在前则相反是一个逆时针的圆。由于每一步前脚的内扣，所以运动的轨迹就会形成一个圆环也就是环绕步。

半步拳：大步桩底盘前手扶在墙或树上，后脚横向移动半步，前脚同时相应移动半步，然后马上恢复原位。也就是说进退半步要连贯。在恢复原位的同时前手要有攻击的意识。半步拳的要领是前手一定要保持原位，不能随退步而撒手，还要注意半步只能是横向的半步，直退直进很容易失去重心，绝不可取。前手不动是说不能有前后的移动，但是垂直线上的上下移动，是非常必要的，上击头，下击腹。前手或拳或掌，要有意识地指向对方的口鼻部位。半步拳在技击实践中，堪称妙技。当年郭云深师祖靠半步崩拳打遍天下。

一步三拳：保持技击间架，以左拳在前为例，迈左脚打第一炮拳，然后头部主动转向左手寻求保护，转体转脚出后手拳也就是右拳，接下来头部再恢复到右拳后面出左拳，动作要求一气呵成，即完成一步三拳。注意凡是连击出拳，应该注重节奏，总是最后一拳是重拳。所谓节奏就是像唱歌一样，不能始终是一个高度的音。

脚踩弹簧：上体保持战斗间架。以左脚在前为例，脚尖外摆用拇指与脚跟形成的横面往下踩一个意念中的弹簧，同时膝关节、髋关节也要有相应的起伏升降。体会弹簧的松紧程度，用意不用力。这样练过以后，可以再把前脚内扣，用小趾与脚后跟形成的横面踩弹簧，要求同上。这个练习熟练以后，可以这么一下、那么一下地进行交换练习。意拳没有高起高落的腿脚攻击。意拳脚部的攻击，是横过脚来，蹬踏对方的膝部以下。这和足球运动中，红牌罚下的动作一样。可见其动作会造成严重的伤害。这种蹬踏的攻击方法还有一个好处，就是踩不到不要紧，脚落下正好恢复战斗间架以利继续攻防。意拳技击是近身战，不主张高起高落的踢法，其认为：抬腿半边空。注意观察对方习惯起脚的地方，要看他的肩部是否有高低变化。

打鬼： 意拳所谓的打鬼就是拳击运动所说之空击。练功者通过意念想象与看不见的对手进行战斗。根据不同的情况，采用适当的攻击手段进行攻防模拟训练。

甩沙： 意念用湿手沾干沙子，然后手型由鸟难飞开始由内向外翻手，张开全部手掌向上甩动，利用最后的制动力把沙子甩出去。甩沙练习是正发力的最佳辅助练习。

拧托： 扶按桩起始，右手向外拧转同时向左上方托举，然后在右手内转恢复原位的同时，左手也开始做同样的拧托动作。这个动作的要点是注意拧托手的送肩与转肩，攻击的目标是对方的下颌。

砍架： 双手托天桩开始，右手往小指一侧翻转然后手掌向右斜下方削砍，砍至对方右脖颈部位。在右手向外翻转恢复托天的同时，左手开始同样的程序完成向对方左颈的攻击。左架右砍；右架左砍，反复练习。

点戳胸腹： 意拳没有拍打功，也不练悠锤贯顶，铁尺排裆，对所有的气功之说及铁布衫、金钟罩等嗤之以鼻。意拳训练抗击打的方法是，用五指点戳胸腹两肋，开始用力较小，逐渐加大力度。被击打部位，产生本能的收缩反弹泄力，从而形成对打击力度的削弱。这个道理就像垒球运动员在接球的一瞬间要向后缩让那样。如果谁直接去迎接垒球的话，其后果不言自明。

鹤舞： 立正开始左臂前伸，右臂横展与左臂呈直角。在抬臂的同时右膝提起右脚外摆，脚心横向朝前。然后恢复原位。接下来右臂前伸左臂横展，左脚外摆，脚心向前。往返练习，仿佛鹤舞。

米字跳：设想地上写一个大的米字，或者想想它是一个大的钟表。练功者站在钟表米字中心。然后轻轻起跳两脚沿十字或斜叉分腿跳跃。用钟表的图形来说就是，12，6。15，45。10，40。50，20。例如两脚从中心立正开始，或50，20，恢复到中心再跳到10，40。如此反复即可。米字跳既是增强体能的方法，又是符合意拳技击的特点而进行的独特步法训练。因为意拳是两面打法因此需要这样的特殊单操。可以预言，将来的中国式拳击，必将采用我国特色的两面打法。世界拳联主席乔杜里称，未来中国拳手肯定会称霸拳坛。他就是看到了中华武术所蕴藏的丰富技艺。至于每次练习多少时间，多少次数没有规定，视训练计划而定。如为了应付比赛，不妨跳三分钟间歇一分钟，如是者三，正合比赛之规定。在米字跳熟练的基础上，姚宗勋先生在先农坛给我们讲了最后一种跳步。全称：乾坤大转移。具体练习，就是从左势的大步，一下子做大幅度的换步，变为右势的大步。也就是从50，20指针变为10，40。姚先生告诉我们，这种步法不会经常使用，但不能不练。我本人有幸在中山公园水榭，看到了恩师用此种步法扭转乾坤这精彩的一幕。那一天有一个身高一米九几，孔武有力的大汉，与姚先生推手，那个人一下子把姚先生肘部托起使姚先生双脚离地甩在半空。当时所有人都捏了一把汗，姚先生身体虽在空中，但是间架不变，仍很好地保持技击战斗状态，当对方想把姚先生甩倒的时候，令人想不到的事情发生了。就在姚先生双脚将将落地之时，突然由左步底盘，换为右步状态，也就是乾坤大扭转。在姚先生双脚落地的同时，对方像被甩出去一样，跌倒在地。在场的人，一片惊呼。这就是乾坤大转移。

激灵颤：这是一个非常重要的意拳单操训练。这个练习没有任何准备姿势，行、站、坐、卧均可。利用一切声响、图像的突然刺激，比如在看电视连续剧武打战斗或拳击格斗场面时，要把自己摆到场面中去。不管是枪击还是拳打脚踢，都要保持精神和身体的应时反应。其具体动作没有限制，好像动物抖搂身上的水那样一抖搂即可。拳谚："花钱难买激灵颤。"就是这个含义。在经常性的练习以后，会发现全身起鸡皮疙瘩。还有当你在似睡非睡之际，突然梦到危险袭来，此时你会不由自主地将整个身体从床上弹起来。那个劲道就是激灵颤。

　　以上就是向众多意拳爱好者诚心诚意地汇报本人所学过之意拳单操手的全部内容。抛砖引玉，投桃报李诸君瞥笑。在这里强调一下。单操手只不过是相当于整个机器的零部件。把它们组装起来，才能发挥作用。比如最常组装在一起的就是摇旋与神龟出水。当你能把这两个基本功协调好，就会发现，你的意拳有了质的飞跃，在别人看起来就有了意拳的味道。当然不是所有单操手都要练。师者，传道，授业，解惑者也。授技者应因材施教，不同的人有不同的练法。至于学者本人则缺什么补什么。恩师姚宗勋先生临终遗言教导我们，要大家一起"凑"，这个"凑"字十分了得。它体现了恩师的高瞻远瞩用心良苦。我理解老师的深厚含义，首先就是要徒学诸生团结协作共树意旗。其次则是大家应该互相学习，取长补短，全面继承意拳技艺。牢记恩师金口玉言，从我做起，在有生之年尽其所有，把一生所学无私奉献。夕阳无限好，只是近黄昏。廉颇老矣，尚能饭否。一息犹存，不忘初衷。练了一辈子意拳，总不能赴之一杯。姚宗勋先生拳学思想的核心，就是提倡传统武术与现代体育之结合。我既是意拳爱好者又是一生从事现代体育的运动员、教练员。继承先师遗愿，传承美德，应当仁不让，舍我其谁。恳请所有意拳的仁人志士勠力同心，众人拾柴火焰高，齐擎拳旗意气壮。莫等闲白了少年头，空悲切。你我之辈，忍将夙愿，付与东流。祝意拳火尽薪传，擎旗自有后来人。

附录

姚宗勋先生轶文集

《麟角集》识

　　恩师驾鹤西行，嘱托我整理他的遗文遗物。《麟角集》就是在若干纸堆书信杂文中挖掘出来的、姚师尚未完成的文章腹稿。依我之愚见，这些文字虽未成文，但它们的价值，远远超过长篇大论的拳学论述。所谓"真传一张纸，假传万卷书"。《麟角集》向我们直截了当地指出了拳学路标。句句千金，段段精奥。稍有文化和拳学底蕴的人们不难看出，姚先生给我们所讲的拳学要义是多么实用。认真读《麟角集》你就会发现，虽然它不是整文，但稍加用心，就会取得阅读整书的效果。你会觉得，《麟角集》是一部从意拳概述，包括扽绳操作、与西洋拳击的区别到意拳站桩、试力一直到推手、实作都包含在内的完整阐述。特别是对争力、单双重、实战步法、战术要领、松紧转换、反应练习等重要论述，都十分清晰地浮现在我们的脑海中。说句实在话，有志于拳学研习的人，真正把《麟角集》吃透，大可不必再费心去看洋洋几十万字的大部头拳学论述了。万语千言，一言以蔽之，《麟角集》是姚宗勋先生留给我们的极其宝贵的拳学遗文，是他老人家一辈子的"习拳一得"。

后生薄家骢合十谨识

麟角集

意拳（大成拳）宗旨有三：（1）不尚招法；（2）无套路练法；（3）重整劲（强调整体力，求整体均整之力，反对局部锻炼）。

以上三点系王老提出，亦意拳区别于其他拳术之基本特点。

吾拳与拳击比较，则拳击受规则约束，攻击和受击部位均有规定。攻击方法、防守方法受限制于局部。接触而发力者仅拳背之正面而已。意拳要求与对方接触之点均能发力，或击或发，其应用范围之广，固西洋拳难以比拟者。

由于意拳逼近纠缠时的发力练法如推手之法，可克服西洋拳在纠缠时束手无措的弱点。由于意拳采用站桩训练，在外形不动中求力，发力时准备动作幅度、时间缩为较小较短，因此使对方不易察觉，因之防御、还击极难。兵法云："在一击之下，忌持久而重速决。"

整体力之发出，不是一般庸人所理解为全体僵硬如一块铁，猛向前冲，表面观之似乎很整，实则陷于僵板或局部。所谓整体，即整体各部同时爆发耳。发力要"一触即发，一发即止"，要注意劲断意不断，意断神犹连。

极不平凡之成就，皆由极平凡而来，万事皆须大处着眼，小处着手，若从大处着手，则是好高骛远，欲速则不达。

连续发力和单发力一定要循环往复，先自连发始。

攻与守是打的辩证关系，要处理好，是拳学基本矛盾。先怕打中，很多错误产生于畏敌击中。应攻即是守，守即是攻，看透这一点就好办了。也就是攻中有守，守中有攻，所谓攻守合一。

断手时要迎手而去。注意连发时，头和身体必须有足够的转动，才能避开对方的重手。

试力时要想象每一个轨迹点都可能发力。因此每一点都必须全力，否则发力位置会受极大限制。

松肩之重要性有三：（1）肩紧则手臂不灵，不利于控制对方。（2）肩紧则己身僵滞，动作迟钝，无力发出身手之力，易被对方控制与击中。（3）呼吸紧张。

练习松肩法：随时注意松，腋下如能容球。假设球质极轻又极脆，稍一用力则碎，不用力则堕下。既不可使之碎，又不可使之堕。多做旋转试力或类似动作。

腿部训练（力量与灵活）十分重要，应不断加强。

推手时步法是既跟又不跟。你用你的，我用我的。形势（即彼我所站之位置，接触之形式，力之分布，精神与身体之松紧）有利于我就用；不利于我就走，主动地走，主动地跟。

推手须知：

（1）通体关节钝角形。

（2）两肘半撑半垂紧护两肋。

（3）手腕要灵活，两手似蛇首。

（4）腿部须裹胯，用后重法。

（5）不要局部动作。

（6）力有十分须用五分，否则易被人控。

（7）两手用力要齐挤如抱球状，不可这手有力，那手无力。

（8）如甲手失败时，则须快进乙手。

（9）进手时用螺旋力。

（10）彼螺旋我亦螺旋而进之。

（11）顺梢节去打根节。

（12）圈越小越好。

（13）敌手来时不要管他，只要顺他手前进。

（14）得机得势时须用垫步以进之。

（15）手不到根节时，不可用践拳。

（16）彼钻我裹，彼裹我钻。

（17）以手指对人眼光。

（18）手不能指时，用腕与肩胯指之。

（19）两手都不能指中时，用身去指中。

（20）对方人紧指时须用头变中。

（21）不得已而退时，须以手掩护敌人手而退之。

（22）遇刚则柔，而刚紧在其后。

（23）粘连黏随，追风赶月。

（24）引进落空，顺其力以致。

（25）见空不进见横进。

实践时，两人相去之距离与位置最为重要，进退旋转要保持轻灵。与对手的位置不可过远、过近。退时，使对方一步刚刚够不着（即或够着也无力量）；进时，要抢到一步即可击中对手的距离。其理至简，然用时则变化多矣。

争力：意拳中所谓的争力，就是用意念引导全身上下、前后、左右互相牵引共争一中心，所产生的如弹簧般相互呼应的意中力。具有这种争力后，再经过试力、发力等步骤练习，才能达到发挥整体力的目的。

练习争力先由简单的争力入手，而后及于全身，以求整体的争力。无论是简单的争力还是整体的争力，都要在浑元桩中去摸索。

保持肩架挨不了重拳。即使挨了两拳也要保持肩架。

要敢于把对方放进来，不放进来就打不漂亮。

功夫不够步子凑。后步不动前步搬回，再回去就能放人。

守拙。

以小自然求大自然。

全神贯注，无懈可击。

麟角集续

用极浅近而简单的话来说，就是一举一动甚至极微的动作都要有意义、有精神，不可无的放矢，亦即先师所说，在于心意的领导精神的指挥。

动作顺乎自然，合于需要，人身内外一体，意动一致。

做动作时不论姿势优劣与形式繁简，只看全体大小关节能否上下前后相互为用，以及神经支配之大意和气血之流行与调息所发之弹力如何，总以达到得力舒畅为止。

精神严肃、力量活泼，精神与力量都要不丢不顶，亦丢亦顶。精神要照顾全面，力量在反复站立平衡与破坏平衡。

三角力系指发力前后关节均应呈钝形三角形，主要是腕肘膝发力时，上臂向前旋转拧裹而出，即所谓螺旋力。

坐式两脚悬空，周身不易得力，通过坐式练习求力，身法、步法易平稳灵活多变，为技击桩的主要环节不可忽视。

钱砚堂赠芗老夫子之"墙高千仞，君能入室且登堂"。

小腹松圆是调整胸腰之松紧。

臂部撑裹拧抱，肘部约曲池穴位处，意向外指，肘部外侧向内裹，腕部微拧，拇指一侧向外，小指向内。

站桩求力水中，水流轻缓不拘，从何方流来，身体随之微动，进一步多收少放，上下一致，浑然一体，不做中流砥柱。

试力为缠绵不断，发力一触即发就是断。

讲单双重是为了不暴露中，发力讲角度、方向、火候、劲力尤为重要。正面发力，人要让对方重心放在己身胳臂上，而后突然转方向发力才能将人发出。

基本求争力法：风府穴（不是第七颈椎）用意挺颈，全身后靠，要拉紧有弹力的绳子去拉手，而手去拉紧前方的绳子，设想前后两个力量对抵相消而手不为所动，就可以了，后手如抱着一个有弹性的球，当身体去拉前手时，用意去抱球以呼应前手。

争力就是全身上下、前后左右都有力牵引，共争一中。上面所写是求争力之初步，仅有前后相引之力，故名二争力。

松腰、坐胯、木支撑、绳吊系、膝关节亦然。

搭手既不要脱点又要控制对方。

反应基本训练

（一）求得整体争力后，周身皆如有弹簧相系，则本身亦如一弹簧，然后设想有人轻轻来推或击某处，意念一紧，力即从一中心异向发出。习之有得，设想人迅速猛击，意念一动力即可发出，但不可见形，即所谓一触即发，一发即止。

（二）设想站在一块漂浮的木筏上，忽而前后倾斜，忽而左右摇荡，上下沉浮，前倾则后移，后侧则前移，左右移动、上下压提。用意去做不可见形。注意整体不单纯靠腿，不要有固定顺序，从缓慢到加速。此桩调整具体松紧及训练步法灵活的基础功夫。

精神高度集中时，多有身体不自觉地僵板不灵，所以要在精神高度集中时锻炼，身体仍能相对的放松，唯有这样才能动作迅速敏捷，呼吸自然通畅，乃可以持久。

争力主要相争之处有三。

（1）头顶与两脚中心。（2）颈与手腕。（3）两手左右争。练习拖绳有得后，再设想周身毛发飞涨，与外界连系，互相牵引，身体不能动转而又处处都微动的意思，这就是拳家所说的"顶上力空灵，身如绳吊系，形松意须紧，毛发势如戟"之意。练习时要用意不用力，实则意念一注自有轻微的力，不要再有意用力。要注意形曲力直、八面出锋共争一中，这一中指的是头顶与两脚中心，这一条线是均整轻灵的关键处。拳术前人所说松紧之枢纽，在于上下，上下即指出此而言，做时一定要意念切实，可是不能执着。

反应练习

不通过大脑就能发力，猝然袭击不及思，故即可自卫。进而力向一方连续发出，劲断意不断，意断神犹连。

发力和试声，同时而做，同时胸窝微收，两肩略向内扣，上体前面略呈凹形，其目的是变平面为凹形，以滑开来击力量的最尖锐点。小腹实圆，即气贯丹田之谓。

试声每日十次即可。试声的意义还在于在发力的瞬间提高防御能力，减轻或抵消反弹之力，发力时为防御的薄弱环节。前人所谓气贯丹田，亦意拳所谓发力时小腹实圆练习，稍久会感周身内部随之微胀。

蓄力就是储备力量准备发出，基本练法站桩，即精神集中、神不外驰、力向内收、全身不可有平面处、大小关节无处不屈、屈处具有力含蓄于内。动作时更要注意上述各点是否有空白处及不足之处。心意照顾周到，后全身力量才可统一，气力一致趋于圆整，所谓动静处中，能守能用。

推手

第一阶段，在外力之下，动作不停变化，还要保持力量平衡；第二阶段，既要保持自己的平衡，还要破坏对方的平衡；第三阶段，打乱对手平衡状态，而对手正在为稳定自己重心而重新调整步位平衡时，要掌握稍纵即逝之时机，猝然发力。

发力

动作极小，时间极短，突然迅疾刚劲之力，犹如丸药之爆炸耳。意念支配，意之所向，神即随往，筋骨因之运动而发力，顺于自然，达于体外。力未发时，由意念将力回缩争之，即平日所练之争力。欲×先×，利用一争之弹力，突然发力。当力之发出，肩肘手膝胯全身各关节处均起锋棱。起锋棱之意，非指外形之屈伸，全身关节骨缩筋伸处处有力出锋，从一中心异向发出，相等相应，互为应合，一触即发，一发即止。

正发力

（1）虚握拳须用三分力。（2）力发至前足尖。（3）除拇指外皆向前上方指去。（4）设想上臂为弹簧，往回一压即可，撞击肘关节。（5）力透敌背。（6）头前额向前撞，顶心斜向前上顶。（7）前后臂所呈角度应大于直角，双臂未发力前呈略小于45°角。

腿脚发力

腿脚发力与行走发力法同，设想与敌将接触时，肩架不变，后腿突然提起，脚尖向前方伸出，同时头向上顶；再设想已触敌身，高不过膝，头与脚腕互争，踏地之腿有力向上蹬地，而前送髋至催足尖。

膝部发力

膝部发力同上，小腿不前伸，突出膝部与头之突（互）争。

侧后方发力

侧后方发力，设想敌从右肩处推来，左手拧转稍向前伸，右手拧转稍向后拉。两手与前方争的同时，两手也互争其力。集中右肩后方撞去，同时头须向右侧后方拧转，眼向后看去，脚下微拧。

行走发力

（1）前进时，前脚一着地时，力即发出，固定位法。

（2）退步发力，在后撤步时，向前发力，当前步后撤至适当位置，其两脚距离与浑元桩步法同，脚一着地力即发出，如定位发力法。其不同点在于，前步后撤形式即变完前步变后步，后手变前手，例如，左步后撤时左手、左肩、左胯趋后移之势，向后争，右手不动，待左步踏地时猛向前手撞击。

向后发力（又名惊力）

准备式与一法同。设想敌人由下方紧托腕和臂，由上方猛握腕或臂，此时双腕微拧，双手猛握拳，不可握实，其力向回争，欲将假借弹簧突然拉断，随之即起，恢复原状，其神情犹如突然受惊。

向前上方（发力）

准备式与前同。设想敌人经前手上方向我头部击来。身体以头部为主导，稍向后下方靠去，与前手相争，同时前后手亦争，两手及两前臂拧转，设想我前手已将触及对方下颌部或头部，此时突然发力，手指力须向斜上方指去。

向左内侧方（发力）

准备式同。设想敌经我前（左）臂上（下）向我头（腹）击来。身体以头为主导，稍向右侧后面靠去，与前手争，前后手亦争，拧转同时发力，前手拧转前指对方。头部约呈60°角，后手前伸与前手位置相当，略低于前手，约10厘米，指向敌方胸部。

阻力感

阻力强弱由自己设想而来。设想松松紧紧都要练，也就是在松紧反复变化中去摸索，达到似松非松的境地，松中有紧、紧中有松，全归一念支配。

推手普遍问题：（1）发力时机。（2）准备时间过长。

斜面问题

斜侧面，使对方的力一部分落空，力的指向偏斜。用力的指向的变化和步法身法的移动，或前后、或左右、或上下，重心的升高或降低来破坏对方的压力，同时也用这些变化去进逼对手，直到感觉接触点到对方所处的位置，对手的力已很难变化、僵了，被动的形势下再发力。在练习中当然免不了错误的判断，应不断了解力的瞬间之变。

学自抽象起，精神须切实。

有形则力散，无形则神聚。

用法不露形，用力纯在意。

意力不出尖，浑元无定式。

姚宗勋先生致孙闻青先生的信

闻青大兄：

　　您好！

　　限于一切水平及草率之处，请赐谅。

　　所提出的拳术问题分别简复如下：

　　（1）王老先生对中国拳术贡献是巨大的，继承了前人的精神，吸取各家之长，汲取了前人的宝贵经验，更加以发展，并进行改革与创新。废弃套路不尚招法，由繁入简，强调精神意念支配锻炼躯体的重要性，化陈腐为新颖，创造了在不动中求微动的练法。20世纪30年代末、40年代初时在报刊公开发表了他对传统拳术的看法，欢迎拳术爱好者前来作理论上的研究及实践上的比较。当时我是参与其事者之一，目睹芗老与不同意见者反复讲解并能躬亲示范返求学理之精神，无私无畏之气概，在拳界可谓"前无古人，当无与伦比"。

　　（2）有人说意拳这个动作是虎扑，那个是……

　　这不足怪，一些自命为大师或继承人的人在教拳时居然把形意拳的五形拳的单式练法也搬了出来，这只是说明这些人对意拳没有认识。不错，意拳是由形意拳基础上发展起来的，但有弃有取，经过提炼加工，附加数十年不断的旁征博引，吸取各家之长，内在脱胎换骨，外形则旧貌变新颖，开拓了新境地。君之所述他们想把意拳倒退回去，只好算是复古派了。

（3）关于"一法不立，无法不备"的说法。

这是芗老引用佛家禅宗的语言。我的体会是意拳在站桩、试力锻炼中求到整劲后（上下、前后、左右，平衡之意），便通过发力练习把力发挥出来，由固定位到随意移动位置，都要求能发出来，这就需要用不同的意念来诱导与激发来训练反应力量。由于意念（假想敌）的变换，外形也会随之而变，即所谓"意自形生，形随意变"。由于控制力量的进步，要求也就随之而高，要向"无点不弹簧"即处处皆能发力的境界迈进，无论把发力动作隐蔽缩小到何种程度，外形也会有所表现。

（4）意拳着重身体处在任何情况下均能发力，但又要注意肩架与平衡。

肩架即是保护自己的姿势，平衡是发出时要使身体能保持平衡，以利再发。因为有了意念支配（假想敌的进袭），为了适应发力的形势，身体步位自然出现高低、左右、前后不同，速度动作灵活机动的变化与转移，在试验自己的力量能不能应势而发，并不是在做一招一式，制定了固定的进步与退守的招法的练习，既不同于"见招破招，见式打式"，在招法框框之内求出路的方法，也不同于"千招会，不如一招熟"，不看形势主观硬干的练法。

（5）神意气力在拳术上的关系，先要精神集中、意念真切、呼吸通畅、力任自然。也就是说在练拳时，精神要做到高度集中，设想真切实，胸部不憋气，力量要似松非松。精神不集中，意念将易外驰，也就谈不上意到力到了。

（6）站桩是变力求整，健康身体，舒松均整。

（7）站桩锻炼法在意念上也是分有阶段的。例如，设想自己站在水中，站的姿势过高了，被水浮起，过低就要陷入泥中。水不是静止的，而是轻微动荡。设想自己身体前后、左右都感受到了水的轻微冲击，既不像中流砥柱一样屹立巍然不动，更不能随波逐流，要求身体能应合水力随之微动而不受影响。

通过上述练法要摸到整体在动中微动，要"松而不懈，紧而不僵，似松非松"，力无侧重，浑然一体。

在拳术中，头部的位置极重要，故前辈有云："头正则四肢百骸而无不为其用矣。"

正：当作适当解，王师有云"松紧之枢纽在于上下"。

上下相引，周身互争为主，由是可体会脊椎之屈伸，小腹之位置。

（8）王师语"要你这样，你真这样，就不能做到这样了"。

这是内意与外形的问题，要摸索到内涵的意力，不是模仿外形，内劲摸到后，外形自相似。

（9）"站技击桩，前脚要拉，力放后脚……"

站桩时前脚趾要扒地，膝下力前顶，同时后胯后伸，力斜向后指，发力时前脚要猛踩入地，一踩即提，后腿力向前催，后脚蹬地。

练时要筋伸骨缩，用时骨缩筋伸，练法骨缩筋伸，发力时筋有力而骨生棱。

（10）对"均整、松整、圆整"之说略述如下：

站桩时我的看法，"整"的意义是力量的分布要平衡协调，上下要相连，前后左右要平衡，但不可做过，过则板滞不灵，即所谓"僵"。"整"包括紧的意义。在拳术中"整"相对的是"散"。

散是上下、前后、左右失去对称。散有"松"的含义，松得过度就是散。拳劲是松紧互用，在发力的瞬间，要求极整，也就是在短暂之间，要发动周身内外一切能发动的力量，还要保持躯体的平衡，在发力的刹那间是极紧的，一发之后迅速地相应放松，以利再发。发力的要求是"一触即发，一发即止"，松紧、紧松"勿过正""虚实实虚相根"正是说明这个问题。在站桩时，要松中求紧，紧中求松；在练拳时，要聚精会神地去求整，有意无意去求。还要在松弛的情况下去求整。

（11）"力向外求"。

离开己身无物可求，执着己身一无是处。"外求"的意思是通过意念假设去诱导影响体内力的应合和条件反射，不是单纯简单地追求肌肉与力量的锻炼，若是假借过于渺茫，则起不到应有的作用。简单地求力量锻炼，所求得的也不是拳劲，这就是后两语的含义。

（12）站桩锻炼中手上出现胀、重、热等感觉，两手两臂都似被一种力量吸引着，站桩不动时有感觉，但一活动就一无所有，要求到动中摸到这种劲，就要做"试力"练习，通过意念诱导和缓慢放松逐渐摸到了站立不动时的感觉，连续不断往复的运动。

（13）"意拳是浑元桩……"请参看第六条。

（14）"力要圆，圆才不出尖"，请看第十二条。

（15）"整还要断，断时还要整"试力要缠绵不断，发力是一触即发，就是断。请看第十条。

（16）"讲单双重是为了不暴露中……发力要讲角度、方向、火候……劲尤为重要……正面发人时要让对方重心倚在自己的胳膊上，而后突然转方向发力，才能把人发出……"

单双重不仅指两足，手与足、臂与腿……之间都不要方向一致，轻重相等，实践在不同的情况下单重也可，双重也可。故王师云："单重不倾，双重不滞。"

"中"不是单纯呆板地指两腿中间的中线，重心是可以升降转移的。过去拳家所说的"守中"，是在运动中处处要保持自己的力量均整，在对方力量失去均整、呆滞不灵时或在对方发力前或在对方发力后，用自己的整力去横击对方，即所谓"用中"。

正面发人是把对方力量稍加倾斜，趁其力犹在，向其身后斜上方或斜下方发去。这仅指双方接触后发力的一种。至于双方力的角度大小，就要看当时的情况了。

（17）王师讲"搭手时可半个点，点上要起螺旋"。

搭半个点的意思是不要平面的接触，还要有半个旋转的进退。

（18）再者要练空，怎样空的好。

不知您指的"空"是哪种，若是空灵的意思，练法与站桩时要舒松均整，意念在有无之间，在试力动作时，即缠绵悠扬，意无所指；欲前则前，欲后则后；忽左忽右，倏高倏低；欲断复连，既连又断；快慢交替，轻重互换。

请看完后，提出宝贵意见，并请动笔删改，每条前赐加题目，形成问答式。这两三年，有几个朋友向我提过问题，我作过简答，我想综合起来可能对同好者有些小益，故此请删改完后，让光子带回为盼。

弟
宗勋敬上
1978年4月6日